做好選擇

順利進化不被物競天擇

王郁陽，李忠傑 編著

選擇困難讓你老是猶豫不決？
事到臨頭還是無法下定決心？
倉促做的決定老是讓你後悔？

掌握人生關鍵×營造情緒法則，
找出抉擇弱點，失敗不再跟你Say Hello！

今天開始，學習當機立斷。
你的選擇就是最好的選擇！

崧燁文化

目錄

目錄 ──────────

第五章　選擇需要擔當、勇氣與膽識

第六章　選對事業成就一生

目錄

目錄 ────────────────

前言

死海裡釣不到魚，不管你的餌料多香；沙漠裡挖不出蚯蚓，除非你挖穿地球。很多人一生平平，其實並非是他們不夠努力，而是他們的選擇不對。

選擇不對，努力白費。因此，在埋頭趕路的同時，我們還應該抬頭認路，去選擇道路、尋找捷徑。每一項選擇，都是在為自己種下一顆命運的種子。眾多大大小小的選擇，組成了我們的命運。

很多人因為一個正確的選擇而大放異彩，如：司馬遷、魯迅、比爾蓋茲。我們可以設想一下，假如司馬遷在死刑和宮刑之間沒有選擇令男人最為恥辱的宮刑並含羞忍恥地活著；假如魯迅捨不得放棄醫學；假如比爾蓋茲選擇了拿哈佛的鍍金文憑……那些輝煌的歷史還會由他們來譜寫嗎？

在美國歷史上享有極高聲譽的林肯總統認為，所謂聰明的人，在於他懂得如何去選擇。做出正確的選擇的確需要智慧、眼光與勇氣。人在選擇時，常常要面對許多的不確定因素、極大的誘惑、艱鉅的困難……然而正是因為做出正確選擇如此之艱難，才會有強者與庸夫。

只有那些迎難而上的勇士與智者，才會從庸人當中脫穎而出。正如佛陀所言：「一部分人站在河那邊，大部分人站

前言

在河這邊跑上又跑下。」那些在河這邊跑上又跑下的人，像
動物般被環境制約而不自知。這就彷彿一個人被關在牢籠，
口袋裡雖有鑰匙，卻不會用鑰匙開門，因為他們不知道口袋
裡有鑰匙。其實，上天在賦予人類和動物一樣的生命和適應
環境以求生存的本能之外，還多給了人類一把萬能鑰匙：運
用智慧來選擇行動的自由。人為「萬物之靈」，靈就靈在人
有別於其他生命 —— 人具有自由選擇的莫大潛能。

　　我們無法選擇自己從哪裡來，卻可以選擇往何處去；我
們無法丈量自己生命的長度，但可以選擇生命的厚度。人生
處處是選擇。相信作為讀者的你，閱讀完本書，可以更輕鬆
地做出你人生中最好的選擇。

編者

第一章
十年以後你是誰

桃李春風一杯酒，江湖夜雨十年燈。每個十年都會有一些配合時代的機遇。能掌握時代機遇的人，都將成為時代的菁英。

　　十年一輪明月，一縷清風；十年一種追求，一番奮鬥。「十年」，一個亙古不變的人生命題時刻都在拷問著我們：「十年以後你是誰？」

十年磨一劍

　　十年，是人生中一個很重要的時間刻度。十年雖然不能有「滄海桑田」的翻天覆地，但卻有「日新月異」的與眾不同。

　　在十年前，你在哪裡，你在做什麼，你有什麼夢想？十年後的今天，你是否實現了當初的夢想？

　　也許，你可以錯過一場精彩絕倫的直播球賽，你可以錯過一場明星雲集的演唱會，你可以錯過一次和朋友外出旅遊的好機會，你還可以錯過一頓美味佳餚；也許，你可以延誤一趟上班的公車，你可以延誤一段輕鬆的假期，你可以延誤一次美麗的約會……但，你絕對不能因為錯過了今天而延誤了明天。今天種下的因，決定了十年後的果。是不是該讓今後的自己有可以乘涼的「樹蔭」？今天的你，受到十年前多大的影響？時刻問問自己，今天我是怎麼度過的？因為誰都不能決定十年後的你，除了你自己。

　　唐代詩人賈島詩云：「十年磨一劍，霜刃未曾試。今日把

示君，誰有不平事。」十年的時間，可以將一塊粗鐵鍛造成一把鋒利的劍；十年的時間，也可以讓一把鋒利的劍鏽成一堆廢鐵。布衣亦可成王侯，貧賤豈能任淪落？拿出你「十年磨一劍」的精神，「奮鬥十年添個零」，十年後的你一定是更精彩的你！

人生只有三天

　　人生看似漫長，其實只有三天：昨天、今天和明天。德國著名哲學家席勒曾這樣詮釋時間：「時間的步伐有三種：未來姍姍來遲，現在像箭一般飛逝，過去永遠靜立不動。」昨日的夕陽西下就在預言著今天旭日東昇時是晴是雨，今天每一個選擇的組成又決定了明天走的是陽關大道，還是獨木小橋。

　　尤金・奧凱利（Eugene O'Kelly）是美國最大的會計師事務所 —— 畢馬威（KPMG）的董事長和首席執行官。正當他處在事業巔峰時，他被診斷為腦癌末期，最多還能活三至六個月。但他卻用這剩下的時光，為生命畫上了完美的句號，並告訴世人：人生不可以重來，不可以跳過，我們只能選擇最有意義的方式度過，那就是活在當下，追逐日光。

　　是的，我們應該選擇最有意義的方式活在當下。但活在當下，簡簡單單的四個字，卻如同一座險峰難以逾越。因為我們總是幻想明天，總在今天把汗水撒在昨天的追悔裡、明天的憧憬中。

有個小和尚，每天早上負責清掃寺院裡的落葉。

清晨起床掃落葉實在是一件苦差事，尤其是在秋冬之際。每一次起風時，樹葉便隨風飛舞。每天早上都需要花費許多時間才能清掃完樹葉，這讓小和尚頭痛不已。他一直想要找個好辦法讓自己輕鬆些。

後來有個和尚對他說：「你在明天打掃之前先用力搖樹，把落葉統統搖下來，後天就可以不用掃落葉了。」小和尚覺得這是個好辦法，於是隔天他起了個大早，用力地猛搖樹，認為這樣就可以把今天和明天的落葉一次掃乾淨了。一整天小和尚都非常開心。

第二天，小和尚到院子裡一看，不禁傻眼了，院子裡如往日一樣滿地落葉。

老和尚走了過來，對小和尚說：「傻孩子，無論你今天怎麼用力，明天的落葉還是會飄下來的。」小和尚終於明白了，世上有很多事是無法提前，唯有認真地活在當下，才是最真實的人生態度。

假若我們時刻都將力氣耗費在未知的明天，卻對眼前的一切熟視無睹，我們的明天還將是兩手空空。一位哲人曾說過：「當你存心去尋找快樂的時候，往往找不到。唯有讓自己快樂地活在世上，全神貫注於周圍的事物，快樂才會不請自來。」克律西波斯（Chrysippus）也曾說：「過去與未來都不是『存在』的東西，而是『存在過』和『可能存在』

的東西。唯一『存在』的是現在。」所以我們不能沉溺在昨日的回憶中，也不能沉溺在明天的憧憬裡，只有掌握現在，選擇最有意義的形式將今天充實，明天才會因為今天的充實而變得美好。

「吾嘗終日而思矣，不如須臾之所學」，與其沉浸在思考的汗水裡，不如珍惜今天的每一寸光陰，充實當下。昨天是零，今天是一，明天也是零。放下昨天，吸取經驗，把昨天的零放在今天的後面，我們的明天就不再是零。

別讓任何人偷走你的夢想

夢想是人的方向。還記得你最初的夢想嗎？或許那個夢想只是年少無知時許下的願望，又或許是因為隨波逐流而寫下的一些不屬於自己的夢想。沒有關係，只要你知道現在的夢想，做到不被誘惑所困擾，不因別人的左右而改變，十年、二十年、三十年後，你便可以夢想成真。

美國某個小學的作文課上，老師給學生出的作文題目是「我的志願」。

一個學生非常喜歡這個題目，在他的本子上飛快地寫下了他的夢想：他希望將來自己能擁有一座占地十餘公頃的莊園，在壯闊的土地上植滿如茵的綠草；莊園中有無數的小木屋、烤肉區及一座休閒旅館，除了自己住在那裡外，還可以供前來參觀的遊客歇息，分享自己的莊園。

第一章　十年以後你是誰

　　寫好的作文經老師過目後，這個學生的本子上被劃了一個大大的紅「×」，發回到他手上，老師要求他重寫。

　　他仔細看了看自己所寫的內容，並無錯誤，便拿著作文本去請教老師。

　　老師告訴他：「我要你們寫下自己的志願，而不是這些如夢一般的空想，我要實際的志願，而不是虛無的幻想，你知道嗎？」

　　這個學生據理力爭：「可是，老師，這真的是我的夢想。」

　　老師也堅持：「不，那不可能實現，那只是一堆空想，我要你重寫。」

　　學生不肯妥協：「我很清楚，這才是我真正想要的，我不願意改掉我夢想的內容。」

　　老師搖頭：「如果你不重寫，我就不讓你及格了，你要想清楚。」

　　這個學生也跟著搖頭，不願重寫，而那篇作文也就得到了一個大大的「E」。

　　事隔三十年之後，這位老師帶著一群小學生到一處風景優美的度假勝地旅行，在盡情享受無邊的綠草、舒適的住宿、香味四溢的烤肉之餘，他望見一名中年人向他走來，並自稱曾是他的學生。

　　這位中年人告訴這位老師，他正是當年那個作文不及格

的小學生，如今，他擁有這片廣闊的度假莊園，真的實現了兒時的夢想。

老師望著這位莊園的主人，想到自己三十餘年來不敢作夢的教師生涯，不禁感嘆：「三十年來為了我自己，不知道用成績改掉了多少學生的夢想。而你，是唯一保留自己的夢想，沒有被我改掉的學生。」

心愛的東西去了，可以再去買一個新的；財富散盡了還可以賺回來；夢想被人偷了，就難以找回來了。夢想可以讓一個平凡的人變得偉大，不要讓自己的夢想被人輕易偷走，也不要讓別人輕易左右自己的夢想，只要心中有夢，三十年的光陰揮灑下來的就會是無比耀眼的光環。

對夢想哼唱一首〈勇氣〉：終於做了這個決定，別人怎麼說我也不理，天涯海角都追隨它而去。哪怕是暴風驟雨，哪怕有再多的流言蜚語，只要拾起夢想的勇氣，不被別人左右，更不讓人偷走，人潮擁擠的喧鬧街市它也一樣會感覺到，讓你鶴立雞群的夢想。

知道自己想要什麼

一位年輕人去火車上當副駕駛。司機是個愛發牢騷的人，經常對這位新來的副手指手畫腳。

轉眼一個月過去，年輕人領到平生第一份薪水，心裡喜

第一章　十年以後你是誰

孜孜的，每過一下子就拿出來數一遍。當他將錢數到第五遍時，那位司機終於忍不住說：「年輕人，你別得意！你以為這個飯碗你捧住了嗎？告訴你，要過三個月才算通過試用期，前提是你不要惹什麼麻煩。再熬三年五載，假如你僥倖不被開除的話，你就可以像我一樣當一個正式司機，到那時你才可以眉開眼笑地數錢玩。現在，我建議你小心看好自己的飯碗，老老實實去做事！」

年輕人尷尬得滿臉通紅，他認為司機沒有權力這樣羞辱他。但司機的話卻提醒了他：「難道我只能以司機這個職業作為我的歸宿嗎？如果是這樣，人生不是太平淡了嗎？」他沉思片刻，心裡立定了一個目標，他抬起頭來，對還在嘮嘮叨叨的司機說：「你以為我只想當一個司機嗎？告訴你，我將來要做鐵路公司的總經理！」

「什麼？哈哈！」司機發出一陣怪笑，好不容易才停下來，喘著氣說，「老闆！我想我不得不叫你老闆。你要是在我還沒有退休之前當上總經理，求求你不要開除我。」年輕人不理會他的嘲諷，冷靜地說：「如果你老老實實工作，我是不會開除你的。」

「哈哈，你開除我？但是我要告訴你，笨蛋，馬上給我老老實實去做事！」

年輕人果然老老實實去做事了。但他剛才的宣言，不是

為了爭面子才說的賭氣的話。自此，他按照總經理的標準嚴格要求自己，努力培養自己作為一個優秀總經理需要的各種條件。他的見識、他的言行舉止、他處理事情的態度都變得跟那些普通員工不一樣了，給人一種鶴立雞群的感覺，他的上司覺得如果不提拔他，可能受到埋沒人才的指責。於是，他一步步升遷。多年後，他果真成為馬利安鐵路公司的總經理。

　　無論你現在是公司做得最多卻不得上司待見的無名小卒，還是領著一群本事不大，脾氣不小的下屬的上司。你都必須問問自己，我到底想要什麼。只有知道了自己想要什麼，才能朝著自己的方向前行。

　　古語說：「知人者智，知己者強。」如果你對自己想做什麼非常清楚，你的願望極為明確，那麼使你成功的條件很快就會出現。可遺憾的是，迷失自我的人太多，在迷失的時候，又不懂得走出來，只是在埋怨中任大好時光流逝。

知道自己能做什麼

　　「知道自己能做什麼，不能做什麼。」這句話看似平凡，卻包含了大智慧。三國時期，曹操和袁紹都想當皇帝，但曹操硬是壓抑自己的欲望，不去出頭問鼎。曹操不是不想，而是他深知自己最多只能「挾天子以令諸侯」，而不能取代天子；否則，就提供了眾豪強群起而攻之的口實。而袁紹，傻

乎乎地經人慫恿，竟然真的「坐北朝南」，結果成了眾矢之的，被圍攻得如喪家之犬，死時連一口蜂蜜糖水都不可得。

各人有各人的長處與優勢，各個時候也有各個時候的局勢與機遇，我們只有知道自己能做什麼，不能做什麼，揚長避短，才能將自己真正的優勢展現出來。

甘戊出使齊國，前去遊說齊王，走了幾天來到一條大河邊，甘戊無法向前，他只好求助於船夫。

船夫划著船靠近岸邊，見甘戊一副文人打扮，便問：「你要過河去做什麼？」

甘戊說：「我要到齊國去，替我的國君遊說齊王。」

船夫滿不在乎地指著河水說：「這條河只不過是個小小的縫隙，你都不能靠自己的本事渡過去，你怎麼能替國君充當說客呢？」

甘戊反駁船夫說：「你說的固然沒錯。但是世間的萬事萬物，它們各有各的道理，各有各的規律，各有各的長處，也各有各的短處。比方說，兢兢業業的人忠厚老實，他可以輔佐君王，但卻不能替君王帶兵打仗。千里馬日行千里，為天下騎士所看重，可是如果把牠放在室內捕捉老鼠，那牠還不如一隻小貓有用。寶劍干將，是天下少有的寶物，它鋒利無比削鐵如泥，可是給木匠拿去砍木頭的話，它還比不上一把普通的斧頭。就像你我，要說掄槳划船，在江上行駛，我的確遠遠比不上你，所以我得揚長避短，取長補短，這樣我的

遊說不就更為順利了嗎？」

　　船夫聽了甘戊一席話，頓時無言以對，也似乎長了不少知識。他心悅誠服地請甘戊上船，送甘戊過河。

　　客觀、正確、全面地認識自己，才能做出合乎實際的選擇。這樣才不至於為「一條小小的縫隙」浪費不必要的力氣。我們可以想想：倘若甘戊不求助船夫擺渡過河的話，他自己或許會溺死在那條短短的「縫隙」。

　　曾經有個吝嗇的商人不肯花錢去買別人的東西，所有東西都想自己生產。於是他便開了織布廠、製衣廠，開闢了莊園種植，凡是衣食住行所涉及的東西他都想自己生產，但是因為自己對這些行業都不熟悉，管理出現了問題，短短的一年時間裡，不但沒有盈利，還將自己變成了一個窮光蛋。

　　誰都想無所不能，但卻沒有人能做到。因為每個人都有自身的弱點，不可能做到十全十美。這就需要我們明白自己能做什麼，不能做什麼，然後再去做出選擇，選擇自己能做的，再去做好，這樣才能取得成功。

　　然而，真正了解自己並不是一件容易的事，那麼我們該如何正確地了解自己呢？有下面幾種方法可供大家參考：

＊ **徵詢意見法**：向自己的父母親人、同學朋友和師長同事徵求意見，了解他們對自己的看法和評價。看看周圍的人認為自己適合於做哪種工作。

第一章　十年以後你是誰

* **自我反省法**：自我反省可以幫助我們深入了解自己的才
  能及事業傾向。了解在過去的生活及工作中有哪些是自
  己樂意去做且又得到較大成就的事；哪些是自己不喜歡
  做，雖盡力卻毫無回報的事。檢討一下以往幾年間，自
  己性格的轉變，其中有哪些明顯的趨勢，能否藉以推斷
  以後的轉變方向及自身的發展趨勢。

* **心理、職業測驗法**：目前社會上出現不少有關心理、性
  格和智力等各式各樣的測驗，不妨試一試，作為參考。

* **感覺法**：對自己沒把握的事，會本能地產生一種畏懼情
  緒，這可能是你在這方面沒有才能的一種反映。與此相
  反，如果對所做的事感到很有信心的話，那可能說明你
  在這方面有一定的才能。

* **比較法**：「不怕不識貨，就怕貨比貨」，透過比較可以
  了解自己的才能。例如在競技比賽中，有自由體操、鞍
  馬、吊環和單雙槓，那麼你在哪個項目中能屢挫對手捷
  報頻傳，便說明哪在這個項目上的能力突出。這是人盡
  皆知的道理。但如果沒有可比的對象，也可以拿自己做
  過的各項工作來比較。如有人多才多藝，那就要看哪種
  才氣更大，哪種特長出類拔萃並被社會承認。

* **考試法**：目前，除了學校用考試來測驗學生的學習情況
  外，一般企事業單位也喜歡用考試的辦法公開招聘人
  才。透過考試也可以初步評價自己適合從事哪類工作。

　　除了運用各種方法認識自己外，還要根據自身的實際情況客觀地評價自己。

　　總之，要全面了解自己，客觀地評價自己，這樣才有可能在選擇工作或創業的時候，尋找到自己在社會中的恰當位置，既有效地發揮自己的才能，又充分挖掘自身的潛力，從而實現自己的夢想。

　　認識自己，給自己一個合理的定位，才不會導致成功時沾沾自喜，失敗時沮喪頹廢；認識自己，了解自己的興趣，才不會導致對自己的生活、事業沒有追求、沒有目標；認識自己，確定自己想要的是什麼，能做什麼，才不會眼高手低、盲目追求；認識自己，選擇一個屬於自己的方向，才不會竹籃打水一場空。

選擇平凡，拒絕平庸

　　平凡與平庸，一字之差，卻是兩種截然不同的生活狀態。平凡是機器上的一顆螺絲釘，毫不起眼，但在發揮著自己的用處，實現自己的價值。平庸卻是一顆廢棄的螺絲釘，無心也無力參與機器的運作。

　　曾經有一個醫學系的應屆畢業生，為自己的將來煩惱：「像自己這樣有醫學專業背景的人，一年有好幾千個，殘酷的就業競爭，我該怎麼辦？」

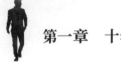

第一章　十年以後你是誰

　　爭取進入好的醫院就像千軍萬馬過獨木橋，成功率小之又小。這個年輕人沒有如願地被當時著名的醫院錄取，他到了一家名聲普通的醫院。但這沒有阻止他成為一位著名的醫生，在這家平凡的醫院成為一位不平凡的醫生後，他還創立了享譽世界的約翰霍普金斯大學（The Johns Hopkins University）醫學院。

　　他就是威廉・奧斯勒（Sir William Osler）。他在被牛津大學聘為醫學教授時說：「其實我很平凡，但我總是腳踏實地的做。從一個小醫生開始我就把醫學當成了我畢生的事業。」

　　影響一個人的因素是什麼？是這個人的學歷還是這個人的工作經驗？其實是人對工作的態度 —— 是平凡還是平庸。「把平凡的工作做好就是不平凡，把簡單的事情做好就是不簡單。」

　　「風很平凡，如果吹在夏天；水很平凡，如果是沙漠中的一泓清泉；雪很平凡，如果飄落在冬日與春日之間。我欣賞這樣的平凡，我喜愛這樣的平凡，我也想努力成為這樣的平凡。」

　　或許大家還會問，何謂平凡，何謂平庸呢？

　　平凡就是生活一般化，人生常規化。人生在世，生活沒有大起大落，沒有一波三折，沒有轟轟烈烈。平凡者或許沒有成功的輝煌，沒有生活的養尊處優。但是我們不會蔑視平凡，因為我們擁有平凡的魅力，懂得拒絕平庸 —— 在生活

中、在人生的道路上，無所用心，無所事事，碌碌無為。

　　偉大出自平凡，每一個成功的人，都從平凡中走來。而平庸者卻只能一輩子庸庸碌碌，毫無成就、價值可言。平凡與平庸的區別就在於，平凡者能把平凡的工作做得偉大，平庸的人使崇高的工作變得卑下。所以，在平凡與平庸的一字之差中，我們選擇什麼，決定了我們一生的道路。

　　平凡與平庸的選擇，意味著我們付出汗水後的回報是什麼。平凡者收穫的是偉大，平庸者收穫的卻是卑下。

把人生的格局做大

　　生存和生活有什麼區別呢？你現在選擇的是生存，還是生活呢？在回答這個問題之前，先來看看下面的故事。

　　一位年輕學生，居然主動放棄了世界頂尖學府哈佛大學的專業學位。那一年，他已經是大三學生了，一張哈佛大學的燙金文憑，眼看就要到手了。要是你，做得出選擇嗎？── 很難。但有人做到了，他是蟬聯世界首富十幾年的比爾蓋茲。十九歲的他看到了微軟視窗作業系統（Microsoft Windows）的發展前景，果斷地放棄了大學學業。他對自己的選擇是這樣詮釋的：「我意識到軟體時代到來了，並且對於晶片的長期潛能我有足夠的洞察力，這意味著什麼？我現在不去抓住機會反而去完成我的哈佛學業，軟體工業絕對不會原地踏步等著我。」

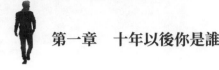

這就是生活,為了活得更好,活得更美好,更有希望。

生存與生活,也是一字之差的選擇,但卻是兩種截然不同的人生。生存與生活的抉擇其實很簡單,就是在固守與突破中一念之間的選擇。

成功者之所以能做大事,因為他們有眼光、有見地、有氣魄。所以只要我們勇於突破,把人生的格局做大,人生的路就會越走越寬廣。

或許有人會說,我也想突破,但破,也有可能夢想破滅,所以我選擇了守。但是想想:守,守的是平平庸庸,破,破的卻是轟轟烈烈。

窮人與富人的選擇

人的一生要面臨無數次的選擇,婚姻、事業、朋友……不同的選擇決定了不同的命運和結果。而窮人之所以窮,富人之所以富,選擇起了舉足輕重的作用。

網路上有一篇文章,列舉了窮人與富人的十二種不同的選擇思路,雖有些偏激,但也可供參考,其簡述如下:

■ 自我認知的選擇

窮人:很少想如何去賺錢和如何才能賺到錢,認為自己一輩子就該這樣,不相信會有什麼改變。

富人:骨子裡深信自己生下來不是要做窮人,而是要做

富人，有著強烈的賺錢意識，這種意識已經融入了他們的血
液，他們會想盡一切辦法使自己富有。

■ **交友圈的選擇**

窮人：圈子裡大多是窮人，排斥與富人交往，久而久之，
心態成為窮人的心態，思考模式成為窮人的思維，做事也變
成窮人的模式。

富人：不斷擴人自己的交友圈，透過各種形式來擴大自
己的社交範圍和結識比自己富有、比自己優秀、比自己聰明
的新朋友。交流的話題也多是如何賺錢、如何尋找商業機
會、如何管理企業……

■ **學習的選擇**

窮人：學技術。

富人：學管理。

■ **時間的選擇**

窮人：總是想著如何悠閒輕鬆地享受充裕的時間，認為時
間根本就不值錢，有時甚至多餘，不知道怎麼打發。閒，主要
閒在思想，雖然手腳都在忙，卻是虛度在毫無意義的事物上。

富人：即使玩，也是一種工作方式的玩，是有目的的。
閒，主要閒在身體，修身養性，以利再戰，腦袋卻一刻也不
閒著。

第一章 十年以後你是誰

■ 投資及對待財富的選擇

窮人：認為少用等於多賺。比如開一家麵館，收益率是百分之百，投入兩萬元，一年就淨賺兩萬元。他們認為這樣已經很不錯了。即使有錢，也捨不得拿出來，即使終於下定決心投資，也不願意冒風險，最終還是走不出那一步。而且最津津樂道的就是雞生蛋，蛋生雞，一本萬利……

富人：出發點是萬本萬利。同樣的開麵館，富人會想，一家麵館承載的資本只有兩萬元，如果有一億資金，豈不是要開五千家麵館？那還不如投資旅館。一個旅館就足以消化全部的資本，哪怕收益率只有百分之二十，一年下來也有兩千萬元的利潤。

■ 習慣的選擇

窮人：富人送給窮人一頭牛，窮人滿懷希望開始奮鬥。但牛要吃草，人要吃飯，日子難過。於是窮人把牛賣了，買了幾隻羊，吃了一隻，剩下來的用來生小羊。小羊卻遲遲沒有生出來，日子便更加艱難。窮人因此把羊賣了，買了雞，想讓雞生蛋賺錢為生，但是日子仍舊沒有改變，最後窮人把雞也殺了。

富人：沒錢時，不管多困難，也不要動用投資和儲蓄，壓力會使他們找到賺錢的新方法，幫他們還清帳單。

■ 信心的來源

窮人：必須透過高級名牌的穿戴和豪華的配飾才能帶給他們更多的自信。他們的自信往往不是發自內心和渾然天成。

富人：「其實也沒什麼特別的，光景好時，絕不過分樂觀；光景不好時，也不過度悲觀。」這是一種富人特有的自信。

■ 消費花錢的選擇

窮人：買名牌是為了體驗滿足感，最喜歡嘗試剛出來的流行時尚產品，相信貴的必然是好的。

富人：買名牌是為了節省挑選細節的時間，與消費品的售價相比，更在乎產品的品質，比如會買一百五十元的純棉 T 恤，也不會買昂貴的名牌商品。

■ 休閒的選擇

窮人：在家看電視，為肥皂劇的劇情感動得痛哭流涕，並且仿照當中的情節來武裝自己。

富人：將休閒與賺錢相輔相成，在外跑市場，即使打高爾夫球也不忘帶著合作契約。

■ 歸屬感的選擇

窮人：出身卑微，缺少安全感，迫切地希望自己從屬於並依賴於團體，於是以團體的標準為自己的標準，讓自己的一切合乎規範，為團體的利益而工作、奔波，甚至遷徙。

富人：團體的領導者通常都是富人，總是一方面向窮人灌輸：團結就是力量，如果你不服從屬於自己的團體，你就什麼都不是，一文不值。但另一方面，他們卻從來沒有停止過招兵買馬，培養新人，以便隨時可以把你替換掉。

■ 熱情的選擇

窮人：沒有熱情。總是按部就班，很難出大錯，也絕對不會做到最好。總是把熱情消耗在具體的事情上：上司表揚了，會激動；商店打折，會激動；電視裡破鏡重圓了，眼淚一串一串往下流。

富人：「燕雀安知鴻鵠之志？王侯將相，寧有種乎？」熱情是一種天性，是生命力的象徵。

■ 上網的選擇

窮人：上網聊天，一是時間多，二是嘴閒不下來，渾身沾滿了雞毛蒜皮的事。

富人：上網尋找投資機會與商業機會。利用網路的低成本高效率，尋找更多的商業機會和投資項目，把便利運用到自己的生意中來。

可以看出，窮人與富人選擇上的差異，其實是綜合能力上的區別。是倔強地盤曲在絕壁之間，還是坦蕩地直立在廣袤草原，那是樹的選擇；是歡呼地奔向廣闊的大海，還是靜謐地流淌成清澈的小溪，那是水的選擇。人生在世，盡在選擇。

第二章
先定好大方向再選擇

向左走，向右走？

人生之旅，處處有十字路口在等候。你的每一個選擇。都會對你的未來產生或大或小的影響。無數個選擇疊加在一起，組成了人的命運。

只有知道自己該往何方，才不會在大大小小、錯綜複雜的十字路口茫然，才不會誤入歧途。有句話說得好：假如你不知道自己駛向何處，那麼來自任何方向的風對你來說都不是順風。

成為 3%的傑出人士

天大地大，你去何方？

要想不做、少做無用功，最好是先確定好大方向。人生也是如此，只有建立長遠的目標，才不會在大大小小的選擇中不知所措。好比一個年輕人的長遠目標是做一個鐵肩擔道義的大律師，那麼他在人生的每個十字路口，就可以一步一步做出正確的選擇：自學相關法律知識、參加一些培訓班、考律師證、進律師事務所學習經驗……他的種種選擇，都是圍繞「律師」而進行的，即使中間會有彎路，但總的來說不至於有太大的偏差，都屬於能夠校正的範圍。可以想像，只要這個人足夠努力就可以實現成為律師的目標。

偉大的成功學大師拿破崙·希爾（Napoleon Hill），從西元一九○八年開始，花了整整二十年的時間，拜訪了美

國五百多位頂尖的傑出人士，其中包括威爾遜（Woodrow Wilson）總統、狄奧多·羅斯福（Theodore Roosevelt）總統、發明家湯瑪斯·愛迪生（Thomas Edison）、汽車大王亨利·福特（Henry Ford）……他發現這些傑出人士有一些共同的成功規律，其中之一就是他們都有十分清晰的長期目標，並且都為自己的目標而矢志不移。

之後，哈佛大學也做了一個關於目標對人生影響的追蹤調查。該項調查的對象是一群智力、學歷、環境等條件都差不多的年輕人，調查結果發現：

百分之二十七的人沒有目標，百分之六十的人目標模糊，百分之十的人有比較清晰的短期目標，百分之三的人有十分清晰的長期目標。

二十五年的追蹤調查發現，他們的生活狀況各有不同，非常有意思……

百分之三有十分清晰的長期目標的人 —— 幾乎不曾改變自己的人生目標。他們幾乎都成了社會各界頂尖的成功人士，他們中不乏白手創業者、行業領袖、社會菁英。

百分之十有比較清晰的短期目標的人 —— 大都生活在社會的中上層。其共同特點是那些短期目標不斷地被達到，生活品質穩步上升。他們成為各行各業不可缺少的專業人士，如醫生、律師、工程師、高級主管等等。

百分之六十目標模糊的人 —— 幾乎都生活在社會的中下層。他們能安穩地生活與工作，但都沒有什麼特別的成績。

百分之二十七沒有目標的人 —— 幾乎都生活在社會的底層，生活都過得很不如意，常常失業，靠社會救濟生活，常常在抱怨他人，抱怨社會。

成功在一開始僅僅是一個選擇，即你選擇了怎樣的一個目標，看這個目標是否能夠引領著你人生的航向讓你駛向成功的彼岸。你選擇什麼樣的目標，就可能會有什麼樣的成就。

伊森‧葛特曼（Ethan Gutmann）曾經說過：「世間最淒慘的景象，莫過於看到一頭迷路的小狗夾著尾巴走。」沒錯，迷失了方向很可怕。但是孔子也曾有過「累累如喪家之犬」的時候，所以失去目標並沒有什麼。只要我們懂得目標比努力更重要，懂得在努力前先尋找一個適合自己的目標再前行，我們定能得到自己想要的成功和快樂。

尋找引路的北斗星

也許生活中，瑣碎而又繁複的事情困擾著你，找不到一個可以呼吸的出口；也許愛情裡，你像顆棋子，進退不由自己；也許工作中，你像個機器被人來回控制。其實不是你不懂得選擇，而是你失去了方向，所以才會在迷惘中徘徊。

當你在野外迷路的時候，你嘗試過尋找北斗星來指引方向嗎？

比塞爾是西撒哈拉沙漠中的一顆明珠，每年有數以萬計的旅遊者來到這裡。可是在肯‧萊文（Ken Levin）發現它之前，這裡還是一個封閉而落後的地方。這裡的人沒有一個走出過大沙漠，據說不是他們不願離開這塊貧瘠的土地，而是嘗試過很多次都沒有走出去。

肯‧萊文當然不相信這種說法。他用手語向這裡的人問原因，結果每個人的回答都一樣：從這裡無論向哪個方向走，最後都還是轉回出發的地方。為了證實這種說法，他做了一次試驗，從比塞爾向北走，結果三天半就走了出去。

比塞爾人為什麼走不出來呢？肯‧萊文非常納悶，最後他只得雇一個比塞爾人，讓他帶路，看看到底是為什麼。他們帶了半個月的水，牽了雙峰駱駝，肯‧萊文收起指南針等現代設備，只拄一根木棍跟在後面。

十天過去了，他們走了大約八百英里的路程，第十一天的早晨，他們果然又回到了比塞爾。這一次肯‧萊文終於明白了，比塞爾人之所以走不出大沙漠，是因為他們根本就不認識北斗星，不知道東西南北。

在一望無際的沙漠裡，一個人如果憑著感覺往前走，他會走出許多大小不一的圓圈，最後的足跡十有八九是一把卷尺的形狀。比塞爾村處在浩瀚的沙漠中間，方圓上千公里沒有任何參照物，若不認識北斗星又沒有指南針，想走出沙漠，確實是不可能的。

第二章　先定好大方向再選擇

　　肯・萊文在離開比塞爾時，帶了一位叫阿古特爾的年輕人，就是他做試驗時給他帶路的比塞爾人。他告訴阿古特爾，只要你白天休息，夜晚朝著北面那顆星走，就能走出沙漠。阿古特爾照著去做，三天之後果然來到了大沙漠的邊緣。阿古特爾因此成為比塞爾的開拓者，他的銅像被豎在比塞爾的中央。銅像的底座上刻著一行字：「新生活是從選定方向開始的。」

　　其實，人生的迷惘，就像不知道北斗星的人漫走在一望無際的沙漠一樣。如果我們漫無方向地行走，走出的不過是一把卷尺的形狀，最後還是回到原點。因此，這時我們需要的是「北斗星」，一個能夠指引方向的參照物。這樣走出迷惘便是輕而易舉的事。所以每一種快樂，每一種新生活的開始，都是由一個方向開始的。只要有了方向，朝著它一路走下去，就必定能走出一條康莊大道來。

　　地圖之所以寶貴，是因為我們常常會迷失方向。如果我們手中、心中沒有地圖，我們需要的不是到處亂撞，而是冷靜下來，找到心靈的北斗星，認定方向，再前行。這樣便不會讓腳累得酸痛，卻偏離目的地越來越遠。選擇一個方向比盲目游離重要得多。

有所不為才能有所為

「我到底適合做什麼？」不知有多少人在自己不感興趣的工作職位上維繫生存，滿腹牢騷地埋怨著，但不知道何去何從。雖然知道自己不適合做什麼，卻不知道自己適合做什麼。

楊振寧年輕時喜愛物理，想成為一位實驗物理學家。西元一九四三年他赴美國留學時，就立志要寫一篇實驗物理的論文。於是費米（Enrico Fermi）建議楊振寧先跟泰勒（Edward Teller）做些理論研究，實驗則可以到艾里森（Samuel K. Allison）的實驗室去做。

然而，在實驗室工作近二十個月的時間裡，楊振寧的物理實驗進行得非常不順利，做實驗時常常發生爆炸，以至於當時實驗室裡流傳著這樣一句笑話：哪裡有爆炸，哪裡就有楊振寧。此時，楊振寧不得不痛苦地承認，自己的執行能力比別人差。

一天，一直在關注著楊振寧的泰勒博士關心地問楊振寧：「你做的實驗是不是沒有成功？」「是的。」面對令人尊敬的前輩，楊振寧誠懇地回答。

「我認為你不必堅持一定要寫實驗論文。你已經寫了一篇理論論文，我建議你把它充實一下作為博士論文，我可以擔任你的導師。」泰勒直率地對楊振寧說。

第二章　先定好大方向再選擇

　　楊振寧聽了泰勒的話，心情十分複雜。一方面，他深刻感受到自己做實驗力不從心；另一方面，他又不甘服輸，非常希望透過寫一篇實驗論文來彌補自己能力的不足。他十分感謝泰勒的關懷，但要他下決心打消自己的念頭實實在在不是一件容易的事。「我想考慮一下，兩天後再告訴您。」楊振寧懇切地說。

　　楊振寧認真思考了兩天。他想起小學時的一件事：有一次上美術課，楊振寧興致勃勃地捏了一隻小雞，拿回家給爸爸媽媽看，爸爸媽媽看了笑著說：「很好，很好，是一節蓮藕吧？」往事一件接一件地在他的腦海中浮現，他不得不承認，自己的執行能力實在不強。最終，楊振寧接受了泰勒的建議，放棄寫實驗論文。從此，他毅然把主修方向轉至理論物理研究，最終於西元一九五七年十月與李政道聯手摘取了該年的諾貝爾物理學獎。

　　放棄自己執迷且為之付出很多心血的夢想，不是一件容易的事，甚至會讓自己十分痛苦。但如果自己真的不適合持有這個夢時，要適時地選擇放棄。朝著自己的長處發展，揚長避短，才能走得更成功。

　　人的精力有限，所以我們應該明白「有所為有所不為，知其可為才為之，知其不可為而不為」。這樣，才會「有所不為才能有所為」。如果我們陷入了「不可為而為之」的泥淖中還執迷下去，只會越陷越深越迷惘。

有所為有所不為，才能有所作為。什麼該做，什麼不該做，都要根據自身的實際情況去兌現。這也是我們必須兌現的，否則即便身價百萬，也只能淪落成一個窮光蛋。

美好人生在於適當「修剪」

有個男孩的家門口種了兩株葡萄。很小的時候，每年開春，他的母親都對他說，要學會去修剪葡萄的枝節，這樣長出來的葡萄才會又大又甜。這一年春天一到，長大的男孩便嘗試著去修剪其中的一株葡萄的藤蔓。待他修剪完後，就高興地向母親展示他的「藝術作品」。因為他不僅僅把枝節修剪了很多，而且把整個葡萄藤剪得像一串葡萄的型狀。

母親看了搖了搖頭，但是她沒有多做修改。男孩問母親為什麼搖頭，她說，這個樣子固然好看，但並不完美。母親問他是否需要她協助修剪，男孩點了點頭，母親便將所有多餘的枝節全部剪掉，只剩下幾條主幹。男孩埋怨母親說，今年肯定吃不到葡萄了，枝節都被她剪完了。母親說：「那邊還有一株，你按照你的想法去修剪，到盛夏的時候，我們看看誰收穫得比較多。」

轉眼到了盛夏，男孩修剪的葡萄因為枝節太多，果實過密集，很多還未成熟就一串串地枯萎了。而母親的那株，果實卻非常豐碩。母親對他說：「其實葡萄、花跟人一樣。在成熟和綻放的時候需要大量的營養，營養跟不上，就會漸漸

第二章　先定好大方向再選擇

枯萎，凋謝。剪去多餘的枝節，就能集中營養的供給，而完美的人生也在於選擇如何『修剪』。」

如果我們想成為一個眾人嘆服的領袖，或成為一個才識過人、卓越優秀的人物，就一定要排除大腦中許多雜亂無緒的念頭。如果我們想在重要的方面取得偉大成就，那麼就要果斷地舉起「剪刀」，把所有微不足道、平凡無奇、毫無把握的願望完全「剪去」，即便是那些看似已有可能實現的願望，也要服從於自己的主要發展方向，將其忍痛「剪掉」。

世界上無數的失敗者之所以沒有成功，主要不是因為他們才能不夠，而是因為他們不能集中精力、不能全力以赴地去做適合的工作，他們使自己的大好精力消耗在無數瑣事之中。如果他們把心中的那些雜念一一「剪掉」，使生命力中的所有養料都集中到一個方面，那麼他們將來一定會驚訝 ── 自己的事業竟然能夠結出那麼美麗豐碩的果實！擁有一項專業的技能要比有十種心思來得有價值，有專業技能的人隨時隨地都在這方面下苦功求進步，時時刻刻都在設法彌補自己此方面的缺陷和弱點，總是想把事情做得盡善盡美。而有十種心思的人不一樣，他可能會由於精力和心思分散，事事只能做到「尚可」，當然也就不可能取得突出成績。

現代社會的競爭日趨激烈，所以，我們必須專心一致，為了自己的目標全力以赴，這樣才能做到得心應手，取得出

色的業績。

通往成功的路上始終有著許多的枝蔓延伸，如果我們沒有修剪將人引入歧途的「枝蔓」，主幹就會被枝蔓所掩蓋，從而讓我們走向成功的路有所偏離，變得更為崎嶇。修剪枝蔓，去掉干擾，可以讓我們更容易辨清方向，更準確地進行選擇，更快地走上成功之路。

靠自己做出無悔的選擇

一隻掉進深井的狐狸，因為想不出逃脫的方法，而像囚犯般地被拘禁在井底。

此時，有一隻山羊因為忍不住口渴而走到井邊。牠看到井裡的狐狸，於是就問狐狸井水的味道是否良好。狐狸以歡欣的態度掩飾悲慘的處境，極力誇讚水質之甜美並鼓勵山羊下到井底。山羊只顧慮到口渴，而不假思索地往井裡跳。

等到山羊解渴後，狐狸告訴牠目前雙方共同面臨的困境，並提議脫困的方法。狐狸說：「你把前腳放在牆上，頭部低俯。我跳到你的背上，便可爬出這口井，然後再幫助你脫困。」

山羊採納狐狸的建議，狐狸立刻躍到山羊的背上，抓住山羊的兩隻角，穩穩地爬到井口，然後拔腿就跑。山羊痛罵狐狸毀約，狐狸則轉身大叫：「笨蛋！假如你的頭腦能像你

的鬍子那樣多，就不會在找到退路之前，就縱身往井裡跳，也不會讓自己置於無法逃脫的困境中！」

　　生活中像「山羊」這樣沒有主見的人比比皆是。雖然他們在某個方面都做得很好，人緣也很好，但最後勝利的果實卻輪不到他們品嘗，只能陷入埋怨的痛苦中。

　　小軒，是某公司的一名職員。她認真負責，反應敏捷，有毅力、有想法，可以說具備了職場女強人必備的要素。她的工作成績突出，業績傲人，主管和同事有目共睹。然而，她最大的弱點，就是太在意別人的看法和反應。在考慮問題時不夠理智客觀，顧慮太多。如果看到別人臉色不好，無論是上司還是下屬，她都能夠迅速做出反應，解釋為什麼要這樣做，把自己的底牌暴露給別人。其實，有些事情是無須解釋的。這樣，本來簡單的事情反而複雜化了。後來，單位調整了幾次主管，提拔了幾名職員，也都沒有小軒。理由是她太在意別人的看法，缺乏主見，一個連自己心態都管理不好的人，如何去管理下屬呢？

　　做事情如果需要別人都點頭，那你的事情就肯定平凡得像沙漠的一粒沙子，像大海的一滴水，如果這樣還強調讓別人去尋找你的閃光點，是否有點強人所難了呢？

　　亞歷山大·伊萬諾維奇·赫爾岑（Aleksandr Ivanovich Herzen）是俄羅斯著名的思想家及文學家。有一次，一位朋

友請他去參加一場音樂會。音樂會開始沒多久，赫爾岑就用雙手摀住耳朵，低著頭，滿是厭惡之色。不久，他竟打起瞌睡來。

朋友看赫爾岑竟然打起瞌睡，感到奇怪，就問他為什麼。

赫爾岑搖了搖頭，說：「這種怪異、低級的樂曲有什麼可聽的呢？」

「你說什麼？」朋友大叫，「你說這音樂低級？你知不知道，這是現在社會上最流行的音樂。」

赫爾岑心平氣和地問：「難道流行的一定好嗎？」

「那當然，不好的東西怎麼會流行呢？」朋友反問。

「那按照你的意思，流行性感冒也是好的！」赫爾岑微笑著回答。

朋友頓時啞口無言。

有時候，我們常常會被一種習慣性的思考模式所左右。其實，對一件事情的不同解釋，往往可以帶來完全不同的兩種選擇。

有一個寓意深刻的笑話：一場多邊國際貿易協商正在一艘遊輪上進行，突然發生了意外事故，遊輪開始下沉。船長命令大副，緊急安排各國談判代表穿上救生衣離船。可是大副的勸說失敗，船長只好親自出馬，他很快就讓各國的商人都棄船而去。大副驚詫不已，船長便解釋說：「勸說其實很

第二章　先定好大方向再選擇

簡單，我告訴英國人說，跳水是有益健康的運動；告訴義大利人說，那樣做是被禁止的；告訴德國人說，那是命令；告訴法國人說，那樣做很時髦；告訴俄羅斯人說，那是革命；告訴美國人說，我已經替他買了保險；告訴中國人，你看大家都跳水了。」

這則笑話令我們捧腹之餘，不難引發有關各國文化差異的思索。

詩人拉爾夫·沃爾多·愛默生（Ralph Waldo Emerson）說：「大丈夫從不流俗。」他說的不是怪僻癲狂的人，而是坦然無畏堅持主見的人，是在大多數人不願意的時候挺身說「不」的人。這裡列舉一項獨特的實驗：一名女子在大街上行走，突然向一位不知情的路人大叫：「救命！有人搶劫！」而旁邊另外安排兩位喬裝的路人，對此呼救聲不聞不問，依舊往前走去。這名被當做實驗對象的不知情路人在聽到呼救聲時，所做的反應不是立刻向前去搭救，而是轉頭看旁邊兩人有何動靜。當他看到的是一臉漠然時，也就無動於衷了。這種跟著大家走的團體現象說明：我們的信念往往有很大從眾性，它的建立總是根據別人的反應而致，這正是妨礙一個人發展的心理障礙。一個不能為自己做出獨立選擇的人，一生終將一事無成，一敗塗地。

行事要有主見，除了自我凝聚、甘於寂寞外，還需要極大的勇氣。勇氣是為智慧與才能開路的先導，是向高壓與陳

規挑戰的利劍，是與權威和強手較量的能源。

西元一八八八年，法國巴黎科學院收到的徵文中，有一篇被一致認為科學價值最高。這篇論文附有這樣一句話：「說自己知道的話，做自己應做的事，做自己想做的人！」這是在婦女備受歧視和奴役的西元一八○○年代，走入巴黎科學院大門的第一個女性，也是數學史上第一個女教授——三十八歲的俄國女數學家索菲婭・瓦西里耶夫娜・柯瓦列夫斯卡婭（Sofya Vasilyevna Kovalevskaya）的傑作。

走自己的路，讓別人說去吧！堅持自己的主見去選擇，選擇出來的必定是你獨特的人生之路，而只有獨特的路，背後才會留下一串自己的清晰的腳印。

選擇不對，努力白費

從前有一個人，從魏國到楚國去。他帶了很多的盤纏，雇了上好的車，駕上駿馬，請了駕車技術精湛的車夫，就上路了。

楚國在魏國的南面，但這個人不問青紅皂白讓駕車人趕著馬車一直向北走去。

路上有人問他的車要往哪裡去，他大聲回答說：「去楚國！」路人告訴他說：「到楚國去應往南方走，你這是在往北走，方向不對。」

那人滿不在乎地說：「沒關係，我的馬腳力很好呢！」

路人替他著急，拉住他的馬，阻止他說：「方向錯了，你的馬再快，也到不了楚國呀！」

那人依然毫不醒悟地說：「沒關係，我帶了很多旅費呢！」

路人極力勸阻他說：「雖說你旅費多，可是你走的不是那個方向，旅費多也只能白花呀！」

那個一心只想著要到楚國去的人有點不耐煩地說：「這有什麼難的，我的車夫趕車的本領很強呢！」路人無奈，只好鬆開了手，眼睜睜看著那個盲目上路的魏人走了。

這就是我們非常熟悉的「南轅北轍」的故事。我們在嘲笑魏人時，是否反問自己：是否也常常跟魏人一樣，沒有選擇好方向，就拋頭顱灑熱血地奮鬥？因為選錯了方向，不少人付出很多還沒有回報。

另外一種情況是：方向選對了，但前進的方法與工具選擇不當，得到的結果也有天壤之別。我們可以這樣假設一下，你騎馬和「第一飛人」尤塞恩‧博爾特（Usain Bolt）賽跑誰跑得快呢？當然你騎馬快，為什麼你能跑過世界上跑得最快的人呢？因為你選擇了騎馬，所以你能「馬上成功」。

當今社會為我們提供了施展才能的廣闊空間，選擇的機會多得讓人眼花繚亂。如果你見到機會就抓，難免最後淪落

到「賠了夫人又折兵」的局面。一個人的貧窮，不是口袋的貧窮，而是腦袋的貧窮，貧窮得不知道該選擇什麼。

　　一個人能否成功不取決於他付出了多少，而取決於他做對了多少。因為選擇比努力更重要。

第二章　先定好大方向再選擇

第三章
走好人生關鍵的幾步

人生如下棋。下棋的過程千回百轉，人生也充滿了無數的轉折。棋路的風格恰如人生的風格，有人保守，有人急進，有人冷靜；棋的結局亦如人生的結局，有得意人，也有失意者……但也許最大的相似之處是：每一步棋都是一次選擇，而人生亦如此。

下棋時有「一步錯，步步錯」、「一招不慎，全盤皆輸」的說法，而人生若在關鍵時刻選擇錯誤，也會造成終生難以彌補的遺憾。正如作家柳青在《創業史》中所說的：「人生的道路是很漫長的，但要緊處常常只有幾步。」其實，人生中最關鍵的只有幾步。如果每一步都比別人強一點點，哪怕只有百分之十、百分二十，那麼幾步下來，你的綜合競爭力和人力資本將是別人的兩倍。這兩倍的優勢，將給你帶來幾十甚至上百倍的優於他人的回報。

一步可以成就一生

對於機遇，對於成功，人們總有各種各樣的說法。然而，不能否認的是，有些時候，機遇在一些人面前確實是平等的。只是當機遇突然出現在人們面前時，有人遲疑了，猶豫了，結果與機遇擦肩而過；而有的人卻能主動上前，大膽追求，於是便贏得了機遇的青睞。可以說這是偶然，千萬別輕視那小小的一步，就是它，可能會改變你的一生。

　　有一位電視臺主持人，多年前母親的一句話讓他牢記在心，並讓他收回了本不應該伸出的手。也正是這句話，讓他保住了自己的聲音，獲得了事業的成功與輝煌。

　　一天，這位電視臺主持人在上鏡前，接到一家私營企業老闆的電話。這個老闆承諾，如果他在節目中用幾句話宣傳一下他們公司的產品，就給他一筆可觀的報酬。事實上，在這個節目中他完全可以含蓄地誇獎那個產品，既不會影響整個節目的播出品質，別人很難識破其中的問題。恰巧那段時間，他家的厄運接連而至：妻子因工作績效不好被降職；年近八旬的老母親不慎從樓梯上摔下來，半身不遂住進了醫院；房屋貸款已經好幾個月欠繳了，銀行的催款通知一封接一封。

　　那通電話擾亂了他的心，他太需要錢了。進入直播室之前，他一直在做掙扎，到底是播還是不播？忽然，他想起了母親曾對他說過的一句話。小時候，鄰居家的雞經常跑到她家的草垛邊下蛋。一天，他偷偷拿了鄰居家雞下的一顆蛋，被母親發現了。母親語重心長地對他說：「細漢偷挽匏，大漢偷牽牛。」這句話就像一根針，深深地扎在他幼小的心田裡。現在回想起母親的話，他的心很快平靜下來，然後從容地進入了主持狀態。當然，他對那家公司隻字未提，輕鬆地做完了這期節目。

第三章　走好人生關鍵的幾步

　　節目剛剛播出，他就接到了通知，說電視臺要審查他的節目。如果通過的話，節目將被選送參加評獎。最後他的節目通過了審查，並且順利地獲得了金鐘獎。

　　不久後，他就聽說當初給他打電話的那家公司因生產假冒偽劣產品而被工商部門查處了，還在全市曝了光。這件事也讓他明白了一個道理：「如果為了高額報酬而放棄了自己的原則，後果將不可想像，多虧母親當年的那句話讓自己清醒了，否則，自己的前途就毀在這一念之間了。」

　　一步很短，一生很長。

　　一步一蹴而就，一生要耗費所有的力氣和智慧。

　　一步近在腳下，一生漫長遙遠。

　　每一步都刻滿了一生的選擇和等待，每一步都鑲嵌了環環相扣的人生密碼。

　　有時只要改變一步，也就改寫了一生。

　　人生的軌跡，都是由一個個腳印組成的，每一步對於一個人的一生都極其重要。面對人生的每一步，我們都要認真走好。只有這樣，我們才能收穫沿途的風景，看見人生不一樣的美。

　　走對一步不難，難就難在關鍵的幾步要步步走對；走錯一步不怕，怕就怕在關鍵的幾步卻步步走錯。

生命的重心在何處

生命重心在何處？

每個人的生命應該有一個重心，或許我們常常因為錯失一趟公車遲到而鬱悶；因為業績考核不公而埋怨；因為薪水不如人而煩惱。這都是因為我們不知道我們生命的重心在哪裡，一味地避重就輕，在瑣碎的小事裡虛度青春年華。

你曾經問過自己嗎？ —— 「我生命的重心在哪裡？」

如果沒有我們先來看看這個故事：

一天，一位年近花甲的哲學教授在上他的最後一節課。在課程即將結束時，他拿出了一個大玻璃瓶，又先後拿出兩個布袋，打開一看一個裝著核桃，另一個裝著蓮子。然後他對同學們說：「我今天讓你們做一個實驗，我還是在年輕時看過這個實驗。實驗的結果我至今仍然常常想起，並用這個結果激勵自己，我希望你們每個人也能像我一樣記住這個實驗，記住實驗的結果。」

老教授把核桃倒進玻璃瓶裡，直到一個也塞不進去為止。這時候他問：「現在瓶子滿了嗎？」

學過哲學的同學已經有了辯證的思維。「如果是指裝核桃的話，它已經裝滿了。」

教授又拿出蓮子，用蓮子填充裝了核桃後還留下的空

間。然後，老教授笑問道：「你們能從這個實驗裡概括出什麼哲理嗎？」

同學們開始踴躍發言，並展開了爭論，有人說這說明了世界上沒有絕對的滿。有人說這說明了時間像海綿裡的水，只要想擠，總可以擠出來的。還有人說這說明了空間可以無限細分。

最後，老教授評論說：「你們說得都有一定的道理，不過還沒有說出我想讓你們領會的道理來。你們是否可以反過來或逆向思考一下呢？如果我先裝的是蓮子而不是核桃，那麼蓮子裝滿後還能再裝下核桃嗎？你們想想看，人生有時候是否也是如此，我們經常被許多無謂的小事所困擾，看著人生沉埋於這些瑣碎的事情之中，到頭來，卻往往忽略了去做那些真正對自己重要的事情，白白浪費了許多寶貴的時間。所以，我希望大家能夠永遠記住今天的實驗，記住實驗的結果，如果蓮子先塞滿了，就裝不下核桃了。」

這就是我們常常犯的一個錯誤：避重就輕，明明知道哪個更重要，但總會找到各種藉口和理由去躲避它。最後味淡的蓮子嘗了不少，卻難得有機會去品嘗那香甜的核桃。所以我們應該清晰地理解到哪些事情最重要，哪些事情是最關鍵的。我們應該分清事情的輕重緩急，看清「氣候」再選擇。

找出了我們人生的重心，鬱悶便不再來，煩惱不再有。

那麼我們人生的重心在哪裡呢？

　　一位搏擊高手參加比賽，自負地認為一定可以奪冠。

　　當打到了中途，搏擊高手警覺到，自己竟然找不到對手的破綻，而對方的攻擊卻往往能突破自己的漏洞。

　　比賽結果可想而知，搏擊高手失去了冠軍獎盃。

　　他憤憤不平地回去找他的師父，央求師父幫他找出對方的破綻，好在下次比賽時打倒對方。師父卻笑而不答，只是在地上畫了一條線，要他在不擦掉這條線的情況下，設法讓線變短。他百思不得其解，最後還是請教了師父。

　　師父笑著在原先那條線的旁邊，又畫了一道更長的線，比較之下，原來那條線看起來立刻就短了很多。

　　這時師父說道：「奪得冠軍的重點，不在如何攻擊對方的弱點，正如地上的線一樣。只要你自己變得更強，對方也就在無形中變弱了。如何使自己更強，才是你需要考慮的。」

　　人生的重心就是知道自己想要什麼，知道自己的長處、短處是什麼，發揮自己的優勢，揚長避短，使自己變得更強大。因為失敗往往都是自己造成的，只有不斷追求自我成長，不斷進步，才能取得成功。

　　在中學的幾何課上，我們給三角形、四邊形找過重心，唯獨沒有給我們的人生找過重心，所以我們至今還在迷惘，還在困惑。

找出人生的關鍵點

設想一下，如果司馬遷不甘屈辱而選擇了以死來抗爭，如果比爾蓋茲在感覺到巨大的歷史機遇時選擇了為拿文憑而繼續哈佛的學業，那麼，世界上缺少的恐怕就不僅僅是一個歷史學家和一個億萬富翁了。

其實，生活中有許多本來可以成為傑出人物的人，由於做出了錯誤的選擇而變得默默無聞了。或許你也是其中的一個，幸運的是亡羊補牢為時不晚，你不妨從現在開始理智地尋找出自己人生的關鍵點，走對人生關鍵的幾步，你的命運便會由此而改變。

要想走對人生的關鍵幾步，一定要找出人生的關鍵點。如何找出人生的關鍵點呢？

■ 做正確的事

管理企業跟管理我們的人生一樣，在企業管理學上有一個理論：「要做正確的事，而不是把事情做正確。」這是一個非常重要的問題，倘若一個人僅僅是把事情做正確，那麼，儘管他做正確了許多事，對他的一生也不產生什麼影響；而另一個人一生就做了一件正確的事，這一件事就可以讓他聞名於世。

■ 極其重要的少數和無關緊要的多數

我們都知道，政治上極其重要的少數國家主宰了無關緊要的多數國家的命運；經濟上極其重要的少數人的財富超過了無關緊要的多數人的財富；文化上極其重要的少數作品流傳下來而淘汰了無關緊要的絕大多數作品。對一個人而言，他的一生中可以有許多問題或決策，但是極其重要的幾個問題或決策決定了他的一生。一個人的一生路途漫漫，但關鍵的卻只有幾步而已。分清重要的事和不重要的事，便能清晰地掌握人生的關鍵點。

■ 發揮優勢

一個人的悲劇不在於沒有優勢，而在於沒有發現、發揮和利用自己身上存在的優勢，最終與精彩擦肩而過。

凡成功人士必定是充分發揮和利用了自己的優勢，雖然其中可能大部分是無意識的，有時可能是偶然的，但其作用肯定是決定性的。

管理的作用在於變無意識為有意識、變被動為主動、變偶然為必然，從而掌握自己發展的軌跡，掌握自己的命運。

■ 問自己三個問題

為了便於發現、發揮和利用自己的優勢，可以從自我「三問」開始。「三問」是：你的優勢是什麼？你優勢發揮的地方在哪裡？你優勢發揮的價值是什麼？

第三章　走好人生關鍵的幾步

　　你的優勢是什麼？每個人都有自己的優勢，再笨的人也能從短處中找出長處，在長處中找出優勢。只有找到優勢，才有可能發揮和利用優勢。

　　你優勢發揮的地方在哪裡？如果是在甲方的話，你目前精力的投放是在甲方還是在乙方或丙方？如果在甲方則很理想；而如果不在甲方，應該想想怎樣才能轉移到甲方？

　　你優勢發揮的價值是什麼？優勢發揮的目的在於價值的實現，這也就是利用優勢的動因，只有優勢轉化成了價值，發現、發揮和利用優勢才完成了使命。

■　世界在期待著你的精彩

　　「天生我材必有用」，每個人都應該有雄心壯志，用自己的優勢來為世界添彩。行進在人生旅途中，不妨稍稍停留片刻，來反思一下自己是否正朝著目標前進。就如我們在遊覽名山大川時，走累後在樹蔭下稍作休整，一邊喝飲料一邊尋找最佳風景點，以免在旅途結束時再為走錯路線而痛惜。

　　這就是人生的關鍵點，鎖定關鍵點，關鍵的幾步便會走得更精確。

　　因為影響選擇的因素太多、誘惑太多、未知數太多，尤其是我們還年輕，知識的累積、人生的閱歷都很有限的時候，於是總是在原點迂迴。選擇人生的關鍵點，人生就會有更多的捷徑可走。

大處著眼，小處著手

如果死盯著目標，而不懂得從小處著手，不注重細節的話，不管你未來的目標有多大，多正確，結果還是達不到目標。「不積跬步，無以至千里，不積小流，無以成江海。」所以盯緊了大處，也要懂得從小處著手。

其實常使人達不到目標的，往往不是高山的阻隔，而是鞋子裡的一粒沙。把每一件簡單的小事做好了，我們就變得不簡單：把平凡的小事做好了，我們就可以不平凡。

日本明治初期，京都曹源寺有一位高僧，名叫儀山。

有一天，儀山大師準備洗澡，他發現浴池裡面的水燒得太燙，就喚來一個剛來不久的小和尚，吩咐說：「水太燙了，提一些冷水加進去。」

附近就有一隻水桶，小和尚提起來後發現桶底還有一點水，就隨手把水倒掉了。

「你做什麼？」儀山大師厲聲喝道。

那個小和尚被儀山大師的聲音嚇壞了，他愣在那裡想了一下，不明白儀山大師為什麼突然大發雷霆，便沒有回答。

當小和尚打算去提水時，儀山大師又大喝了一聲：「你把水倒到哪裡了？」

小和尚懵懵懂懂地答道：「我把它倒在院子裡了。」

「真蠢！一滴水也是珍貴無比的，豈可浪費？你為什麼不用它澆樹？」

雖然小和尚一連挨了兩次訓，但心裡卻充滿了悟道的欣喜。他理解到：原來，一滴水也有它的珍貴意義。從此，這個小和尚就將自己的名字改為「滴水」。

後來，這位滴水小和尚在儀山大師的教誨和薰陶下，終於成為日本佛教界與儀山大師齊名的高僧。

晚年時，滴水大師寫了這樣一句話：「曹源一滴七十餘年，受用無盡蓋地蓋天。」

有的時候，一件小事可以改變人的一生。因此，修煉品德要從小事做起，經營人生也要從小事做起。那麼我們該如何更好地掌握小處呢？那就是細分目標。

西元一九八四年，在東京國際馬拉松邀請賽中，名不見經傳的日本選手山田本一出人意料地奪得了世界冠軍。當記者問他憑什麼取得如此驚人的成績時，他說了這麼一句話：「憑智慧戰勝對手」。

當時許多人都認為這個偶然跑到前面的矮個子選手是在故弄玄虛。馬拉松賽是體力和耐力的運動，只要身體本質好又有耐性就有望奪冠，爆發力和速度都還在其次，說用智慧取勝確實有點勉強。

兩年後，義大利國際馬拉松邀請賽在義大利北部城市米

蘭舉行，山田本一代表日本參加比賽。這一次，他又獲得了
世界冠軍。記者又請他談經驗。

　　山田本一性情木訥，不善言談，回答仍是上次那句話：
用智慧戰勝對手。這回記者在報紙上沒再挖苦他，但對他所
謂的智慧迷惑不解。

　　十年後，這個謎團終於被解開了，他在他的自傳中是這
麼說的：「每次比賽之前，我都要搭車把比賽的線路仔細地
看一遍，並把沿途比較醒目的標幟畫下來，比如第一個標幟
是銀行，第二個標幟是一棵大樹，第三個標幟是一座紅房
子⋯⋯這樣一直畫到賽程的終點。比賽開始後，我就以一百
公尺的速度奮力地向第一個目標衝去，等到達第一個目標
後，我又以同樣的速度向第二個目標衝去⋯⋯四十多公里的
賽程，就被我分解成這麼幾個小目標輕鬆地跑完了。起初，
我並不懂這樣的道理，我把我的目標定在四十多公里外終點
線上的那面旗幟上，結果我跑到十幾公里時就疲憊不堪了，
我被前面那段遙遠的路程給嚇倒了。」

　　我們做事之所以會望而卻步，半途而廢，是因為我們沒
有把目標細分。因此我們就很難看到希望，找不到信心繼續
前進。

　　小處著手將使目標不再遙遠。在小處著手時，我們也會
感到比較踏實，既能品味到路途的艱辛也能時而嘗到成功的

喜悅。所以細分目標，眼盯緊大處，從小處著手，目標就會離自己越來越近。

　　一屋不掃，何以掃天下。學會將大目標細分為每一個觸手可及的小目標，每天壘一塊磚，最後必然會壘成一座摩天大廈。與其想一口氣跑到終點，暈厥在途中，一無所獲，倒不如一步步腳踏實地，飽覽一路美景的同時，還能收穫到成功後的滿堂喝彩。

成功屬於順勢而動的人

　　北宋名臣薛居正對於「勢」曾有專著，叫《勢勝學》，其中有云：「不知勢，無以為人也。」意思是說一個人如果不明白形勢，就連人都無法做了。人活在世上，也活在勢中。根據形勢，趨利避害是人的本能。乘勢先得度勢，具體到創業而言，度勢的重要途徑有三個。

* **留心國際形勢**：在全球經濟一體化的框架下，加上資訊與物流技術的高速發展縮短了地理上的距離，國內的經濟與國際環境的關係變得越來越緊密。美國發生的「九一一事件」，使許多從事出口的企業都受到了嚴重打擊。除了國際政治形勢，國際經濟形勢以及產業動態，都是值得我們留心與研究的。

* **關注政府政策**：政府政策在很大程度上影響著經濟的發展，它有權力制定出政策抑制某個地區或某個行業的發展。在政府制定出優惠政策之前，就率先把資本投入到政府計畫發展的地區或行業，往往能夠使一些人一夜暴富，從經濟拮据變成腰纏萬貫的百萬富翁。值得注意的是，政治現象遠遠要比經濟現象複雜，它常常撲朔迷離，難以捉摸。沒有豐富的社會經驗、良好的感悟能力和深邃的洞察力，是不可能捕捉到真實的政治資訊的。
* **掌握社會趨勢**：國際上很流行，國內政策也在大力推廣，不見得就是形勢大好，還要看社會的趨勢。

天下潮流，浩浩蕩蕩，順勢者昌，逆勢者亡。善於度勢，進而善於乘勢，這樣才能搶占先機，創出新局面，創出新境界。只知度勢而不知乘勢，充其量只是一個「旁觀者」；只求「大刀闊斧」，而不管時勢，也只是一個「莽撞者」。創業者只有把兩者有效地結合起來，才能在機遇與挑戰並存中做到堅持和清醒，不僅抓住機遇，而且善用機遇。

下過圍棋的人都知道，「善弈者謀勢，不善弈者謀子」。人生也如一盤棋局，作為身處其中的我們，應該多謀劃大勢，唯如此才能有所成就。

關鍵時刻別當「華倫達」

　　你是否在越關鍵的時刻，就越容易出差錯、「掉鏈子」？究竟是什麼原因導致了這一讓人扼腕的現象？

　　有一位驍勇善戰的將軍，歷經了上百次的血戰方才平息了戰事。鐵馬金戈的倥傯歲月已經遠去，賦閒在家的將軍因為無聊，便借玩古瓷來消磨時間。

　　在將軍收藏的眾多古瓷中，他最喜歡的是一個青花瓷碗，他幾乎每一天都要把這個瓷碗放在手裡把玩把玩。有一天，將軍在把玩這個瓷碗時，一不小心瓷碗溜了手。幸虧將軍身手還在，及時反手把瓷碗敏捷地接住。不過，將軍也因自己的疏忽而嚇出了一身冷汗。

　　因為有了這一次教訓，將軍刻意地減少了把玩那件瓷碗的次數與時間，並且在每次把玩時更加小心翼翼。然而，第二次危險又在不久之後降臨了。這一次，瓷碗幸運地落在將軍的布鞋上再滾到地下而得以保全。

　　自從青花瓷碗兩次險些遭了厄運後，將軍就更加小心對待它了。他大多數時間裡只是放在案頭看一看，很少拿到手裡把玩。而在那偶爾的把玩當中，將軍奇怪地發現：只要自己一拿起青花瓷碗，心裡就會打鼓，手就會顫抖。

　　將軍心裡有了疑惑：我身經百戰，從來沒有過一絲畏懼與顫抖，為何現在為了一件瓷器變成這樣呢？

　　將軍想了很久，終於明白是自己太在乎這件瓷器了。他當初橫刀立馬，早已將生死置之度外了，從來沒有產生過恐懼與害怕。而今天，一件小小的瓷器僅僅是因為自己太在乎，就在他心裡掀起了巨浪，以至於手都不聽使喚。

　　太想穿好針的手會忍不住顫抖，太想踢進球的腳會忍不住顫抖，太想面試中勝出的嘴會顫抖……越關鍵、越在乎，就越容易出錯、越容易失去 —— 這樣的例子在我們生活中還少嗎？

　　美國有一個著名的雜技演員叫華倫達，他最拿手的雜技是高空走鋼索。華倫達走在高空鋼索上，用「如履平地」來形容絲毫不誇張。然而，正是這樣一個技藝高超的雜技演員，在一次重大的表演中不幸失足身亡。他的妻子事後說：「我知道這次一定要出事，因為他上場前總是不停地說，這次太重要了，不能失敗，絕不能失敗；他把很多精力用於避免掉下來，而不是用在走鋼索，而以前每次成功的表演，他只想著走鋼索這件事本身，而不去管這件事可能帶來的一切。」

　　那次表演的觀眾都是美國的知名人物，演出成功不僅會奠定華倫達在演技界的地位，還會給他的表演團帶來滾滾財源。而正是表演的重大意義，使華倫達的心不再平和、行動不再穩健。是十分飽和的期望之心，制約了他能力的發揮。

　　華倫達用他生命的代價告訴我們，無論面對多麼重要多麼關鍵的關口，都要保持一顆平常的心。

平常心就是正常心，它是進取心的前提和基礎；進取心則是平常心的延伸和展現。只有保持一顆正確看待生活與工作各種變化的平常心，才能煥發出奮發向上、履職盡責的進取心。

選擇時多給自己一些自信

選擇很難，因為人生的路上只有關鍵的那幾步，可常常會因為「一失足便成千古恨」。其實還有比選擇更重要的事，那就是自信。當你不夠自信的時候，請勿做出選擇。因為你的選擇可能帶來的只有悔意。

曾經有一個悲觀的年輕人欲結束一生，在海邊徘徊，長吁短嘆。有一位老者注意到他，便上前詢問：「你為什麼不開心呢，年輕人？」「我現在一無所有，一無所長，不斷失敗，我再也沒有什麼指望了，不如一死了之。」「你其實很富有，年輕人。」「是嗎？」年輕人一臉狐疑。「給你十萬元，買你一隻眼睛好嗎？」

「那可不行。」年輕人想都沒想。「八萬元，買一隻手臂？」「不行。」「那就買一隻手，或三根手指頭？」「也不行。」老者哈哈大笑：「年輕人，你現在知道你多麼富有吧！」年輕人不好意思地笑了，自信重新回到了他的臉上。

自信是什麼？自信是「長風破浪會有時，直掛雲帆濟滄海」的豪邁，自信是「青山遮不住，畢竟東流去」的果敢與執著，自信是「行到水窮處，坐看雲起時」的淡泊與從容。

沒有自信，我們就只能任「小溪沖走生命的花瓣，卻永遠托不起成功的巨輪」。愛迪生曾說過「自信是成功的第一祕訣」，只有我們足夠自信，我們才能去選擇，只有選擇我們才能成功。

有位女孩有一副美麗動聽的歌喉，但她卻長著一口暴牙。有一次，她去參加歌唱比賽，上了臺，她只顧掩飾難看的牙齒，反而讓觀眾和評委感到好笑，最後她失敗了。有位評委認為她的音樂潛質極佳，便到後臺找她，很認真地告訴她：「你肯定會成功，但你必須選擇忘掉你的牙齒。」

在「伯樂」的幫助下，女孩很快從「暴牙」的陰影中走出。後來，她在一次全國性的大賽中，以極富獨特性的表演和歌唱讓觀眾和評委為之傾倒，脫穎而出。

她就是卡絲·黛莉，美國一位著名的歌唱家。她的暴牙與她的名字一樣有名，歌迷們還稱讚她的牙很漂亮。

雖說每個人外表都長得差不多，兩隻眼睛一張嘴，可是人的內心狀態卻有很大的差別。因為有些人選擇了自信，有些人選擇了自卑。

一個人在選擇面前決斷力的高低，除了一些原則性的掌握和技巧性的運用外，還需要充足的信心。一個人如果對自己沒有信心，就算有做出好決定的技巧，也是無濟於事；或是別人隨便說一句風涼話，就把自己原來的決定完全否定掉。

第三章　走好人生關鍵的幾步

　　之前，隆納・雷根（Ronald Wilson Reagan）是一個演員，卻立志要當總統。從二十二歲到五十四歲，雷根從電臺體育播報員到好萊塢電影明星，整個年輕到中年的歲月都在演藝圈內活動，對於從政完全是陌生的，更沒有什麼經驗可談。這一現實，幾乎成為雷根涉足政壇的一大阻礙。然而，當機會來臨，共和黨內的保守派和一些富豪們竭力慫恿他競選加利福尼亞州州長時，雷根毅然決定放棄大半輩子賴以為生的影視職業，選擇了開闢人生的新領域。

　　當然，信心畢竟只是一種自我激勵的精神力量，若偏離自己原先具備的條件，信心也就失去了依託，難以變希望為現實。但凡想有所作為的人，都必須腳踏實地的，用自己的腳走出一條路來。正如雷根要改變自己的生活道路，並非突發奇想，而是與他的知識、能力、經歷、膽識分不開的。

　　有兩件事建立了雷根角逐政界的信心。

　　一是當他受聘奇異公司（General Electric Company）的電視節目主持人時，為辦好這個遍布全美各地的大型聯合企業的電視節目，客戶要求透過電視宣傳，改變普遍存在的生產情緒低落之狀況。因此雷根用心良苦，花大量時間來回在各個分廠，與工人和管理人員密切接觸，這使得他有大量機會認識社會各界的人士，全面了解社會的政治、經濟情況。人們什麼話都對他說，從工廠生產、職員收入、社會福

利到政府與企業的關係、稅收政策等等。雷根把這些話題吸收消化後，透過節目主持人的身分反映出來，立刻就引起了強烈的共鳴。為此，該公司一位董事長曾意味深長地對雷根說：「認真總結一下這方面的經驗體會，為自己立下幾條哲理，然後身體力行地去做，將來必有收穫。」這番話無疑為雷根棄影從政的信心埋下了種子。

二是發生在他加入共和黨之後，為幫助保守派領袖競選議員募集資金，他利用演員的身分在電視上發表了一篇題為《可供選擇的時代》的演講。因其出色的演說才能，大獲成功，演講後立即募集了一百萬美元。之後，他又陸續收到不少捐款，總數達六百萬美元，《紐約時報》稱之為美國競選史上籌款最多的一篇演說。雷根一夕之間成為共和黨保守派心目中的代言人，引起了操縱政壇的幕後人物的注意。

這時候傳來了更令人振奮的消息，雷根在好萊塢的朋友喬治・墨菲（George Murphy），這個道地的電影明星，與擔任過甘迺迪（John F. Kennedy）和詹森（Andrew Johnson）總統新聞祕書的老牌政治家塞林格（Pierre Salinger）同時競選加利福尼亞州議員。在政治實力懸殊的情況下，喬治・墨菲憑著三十八年的舞臺銀幕經驗，喚起了早已熟悉他形象的老觀眾們的巨大熱情，意外地大獲全勝……原來，演員的經歷，不但不是從政的障礙，而且如果運用得當，還會

為爭奪選票贏得民眾發揮作用。雷根發現了這一祕密，便首先從塑造形象上下工夫，充分利用自己的優勢──五官端正、輪廓分明的好萊塢「典型美男子」的風度和魅力，還邀約了一批著名的影星、歌星、畫家等藝術名流出來助陣，使共和黨競選活動別開生面，大放異彩，吸引了眾多觀眾。

然而，這一切在雷根的對手、多年來一直連任加利福尼亞州州長的老政治家傑瑞‧布朗（Jerry Brown）的眼中，卻只不過是「二流演員」的滑稽表演。他認為無論雷根的外部形象怎樣光輝，其政治形象畢竟還只是一個稚嫩的嬰兒。於是他抓住這一點，以毫無政治工作經驗為由進行攻擊。殊不知雷根卻順水推舟，乾脆扮演一個淳樸無華、誠實熱心的「平民政治家」。雷根固然沒有從政的經歷，但有從政經歷的布朗恰好有更多的失誤，給人留下了把柄，讓雷根的形象更加輝煌。兩者形象對照是如此鮮明，雷根再一次越過了障礙。幫助他超越障礙的正是障礙本身──沒有政治資本就是一筆最大的資本。因此，每個人一生的經歷其實都是自己最寶貴的財富。不同的是，有的人只將經歷視為實現未來目標的障礙，有的人則利用經歷作為實現目標的法寶，雷根無疑屬於後者。

就在雷根如願以償當上州長問鼎白宮之時，曾與競爭對手吉米‧卡特（Jimmy Carter）舉行過兩次長達幾十分鐘的

電視辯論。面對攝影機，雷根發揮得淋漓盡致的表演，時而微笑，時而妙語連珠，在億萬選民面前完全憑著當演員的本能，占盡了上風。相比之下，從政時間雖長，但缺少表演經歷的卡特卻顯得相形見絀。

自信並非與生俱來。要想增強自己的信心，可以透過以下五個方法。

- 擁有成功的經歷，是建立自信心最重要的條件。任何一個人，或多或少總有過讓自己自豪及成功的經歷，要善於從自己的成功中總結一些規律性的東西。心理學的研究證明：一個人內在的動力、抱負與其成功的經歷是密切相關的。成功的經歷越豐富、越深刻，他的期望就越高，抱負就越大，自信心也就越強。而對於缺乏自信心的人來說，最重要的是尋求成功的機會，並確保首次努力獲得成功。

- 客觀正確的期望與評價，會形成一股強大的動力，增強人們的自信心。當期望較高的評價來自自己所喜歡或所崇敬的人時，一個人的自信心會上升到極大值。在這種情況下，一個心理成熟的人就會冷靜地分析人們對自己的期望和評價是否有根據，是否客觀合理，否則，就很容易出現盲目樂觀的情緒，因為自信心和盲目性只有一步之差。

- 正確地進行自我批評，有利於自信心的培養。每個人都會在自己前進的道路上設立一個又一個目標，近期目標的後面還會出現一個長遠目標，每一個目標的設立都應建立在正確的自我評價的基礎之上。每個人都有自己的長處，也都有自己的短處，倘若你既能正確對待自己的長處，又能認清自己的不足，揚長避短，目標就不難實現，自信心的培養也就進入良性循環。

- 重視榜樣的作用。一個人不管是自覺的還是不自覺的，事實上都在受周圍人們的影響。為了增強自信心，你不妨在所熟悉的人中，找尋一個值得自己學習、仿效的榜樣，設法趕上並超過他。

- 用自我暗示增強自信。自我暗示就像風一樣，可以將一艘船吹向這邊，也可以將另一艘船吹向那邊；自我暗示既能讓你成功，也會使你失敗，就要看你怎樣揚起這「自信之帆」。任何人只要懂得自我暗示的積極力量，就可獲得自己想得到的最高成就。

　　生活在別人的影子裡，連自己都不相信，又談何選擇呢？邁出自信的第一步，才能走選擇的第二步，第三步的成功才屬於我們自己。

李開復：選擇的智慧

　　李開復，西元一九六一年出生。曾就讀於卡內基‧梅隆大學（Carnegie Mellon University），獲電腦學博士學位，後擔任副教授；在蘋果公司工作了六年，擔任該公司的多媒體部門主管；曾擔任 SGI 公司的多媒體軟體子公司 —— Cosmo Software 的總裁；一九九八年七月加盟微軟公司，並於十一月出任微軟亞洲研究院院長；二○○○年升任微軟公司副總裁，調回總部負責自然介面部；二○○五年七月離開微軟加盟 Google，現任 Google 全球副總裁。

　　在他看來，對於年輕人來說，「最重要的不是具體的準則或方法，而是在複雜情況下權衡各種影響因素，並以最為智慧的方式做出正確抉擇的能力。」他將這種能力稱為「選擇的智慧」。

　　李開復提出八種選擇的智慧：

■ 用中庸拒絕極端

　　李開復說：「『中庸』是儒家思想的精華……中庸告訴我們的最重要的一點，就是要避免並拒絕極端和片面。」

　　所以，「沉默是金」和「口無遮攔」都不可取。為此，他講了一個自己的親身經歷：

　　記得我剛進入蘋果公司開始我的第一份工作時，公司裡有一位經理叫西恩，大家都知道他是一個非常有才華的人，

尤其在開會的時候，他得體的言辭完美地展現出他過人的才學、情商與口才，讓在場的所有人欽佩不已。

有一天，我鼓足勇氣去向西恩討教有效溝通的祕訣。西恩說：「我的祕訣其實很簡單：我並不總是搶著發言；當我不懂或不確定時，我的嘴閉得緊緊的；但是，當我有好的意見時，我絕不錯過良機——如果不讓我發言，我就不讓會議結束。」

我問他：「如果別人都搶著講話，你怎麼發言呢？」

西恩說：「我會先用肢體語言告訴別人：下一個該輪到我發言啦！例如，我會舉起手，發出特殊的聲響（如清嗓子聲），或者用目光要求主持人讓我發言。但是，如果其他人霸占了所有的發言機會，我就等發言人調整呼吸時，迅速接上話頭。」

我又問他：「如果你懂得不多，但是別人向你諮詢呢？」

西恩說：「我會先看看有沒有比我懂得更多的人幫我回答。如果有，我會巧妙地把回答的機會『讓』給他；如果沒有，我會說『我不知道，但是我會去查』，等會開完，我一定去把問題查清楚。」

他最後總結到：只要掌握好說話的分寸，選擇好說話的時機，就可以得到周圍人的尊敬。

■ 用理智分析情境

李開復說：「中庸之道不但強調守誠中道，也要求我們擇善而從。在面臨選擇時，我們先用第一個智慧避免走向極端的陷阱，然後用第二個智慧在複雜、多變的環境中，審慎而冷靜地選擇最好的解決方案。」

「人生中的絕大多數選擇都不是非黑即白、非此即彼的事情。要學會在最合適的時候對最合適的人用最合適的方法，要學會在做出決定前用理智全面衡量各種因素的利弊以及自己的能力和傾向。」

■ 用務實發揮影響

李開復說：「選擇完整與均衡時，你必須首先弄清楚，你面臨的事情是你能夠影響到的，還是你根本無力改變的。」

「事實上，碰到問題時，你只要耐心地將它分解，看看哪些部分是你可以影響的，哪些部分是你可以關注但卻無法影響的。然後，去努力爭取那些可以『間接影響』的問題，讓它們變成可『直接影響』的，同時把全部心力投入自己的影響圈 —— 你可以在這樣的過程中不斷獲得進步，這反過來又可以讓你進一步擴大自己的影響圈。」

所以，解決問題的第一步是：先影響自己，再影響別人，最後才有可能影響環境。

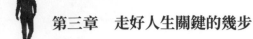

第三章　走好人生關鍵的幾步

■ 用冷靜掌控抉擇

李開復指出：「人生就是一場不斷抉擇的遊戲，這其中最重要的是，我們要用冷靜的態度掌控每一次抉擇的全過程：在抉擇前『重重』思考，抉擇後『輕輕』放下。」

「所謂『重重』思考，就是要培養客觀的、精準的判斷力。每一個重要的抉擇可能都與你自己的前途密切相關，但你在抉擇和判斷時，一定要避免先入為主的思考定式，避免自己的主觀傾向影響判斷的精準和客觀。」

在這裡，李開復為我們提出了三種抉擇的建議：

* **把影響你抉擇的因素羅列成一張「利弊對照表」**：在利弊對照表中寫出每個因素的益處和弊端，然後借助該表客觀地分析，哪些益處和弊端對你來說最為重要？這些因素是否符合你的價值觀和理想？

* **學會用機率論的方法看問題**：做機率分析時，可以列出「最好的可能」和「最壞的打算」，以幫助自己綜合考量。

* **當自己不確定時，學會謀之於眾**：那些更有經驗的人可以用他們多年的積澱為我們指引方向，那些聰明絕頂的人可以用他們的智商啟發我們的思路，那些懂得人際關係的人可以用他們的情商幫助我們有效溝通……

「所謂『輕輕』放下，就是說我們在做出抉擇後，應該坦然面對可能發生的任何結果，既不要因為抉擇正確而欣喜若狂，也不要因為抉擇失誤而悔恨終生。」李開復解釋說。

無論抉擇正確與否，無論它的結果如何，已經做出的決定就無法收回了，你只有坦然接受它，或者在今後想辦法補救。對於已經發生的事情，或者自己已經無法控制的事情，任何擔憂或悔恨都是多餘的。與其把時間花在無謂的焦慮上，倒不如把這些東西「輕輕」放下，然後輕鬆地去做自己應該做的事。

■ 用自覺端正態度

沒有自覺的人不能正確地評價自己。

■ 用學習累積經驗

一個年輕人問智者：「智慧從哪裡來？」

智者說：「正確的判斷。」

「正確的判斷從哪裡來？」

智者說：「經驗。」

年輕人進一步問：「經驗從哪裡來？」

智者回答：「錯誤的判斷。」

這是一個很有哲理的寓言，它說明錯誤是事業發展最好的燃料。

第三章　走好人生關鍵的幾步

■　用勇氣放下包袱

當新的機會到來時，勇於放下已經獲得的東西並不是功虧一簣，更不是半途而廢，這是為了謀求新的發展空間而做出的選擇。如果你在適當的時候勇敢地 —— 當然也應該是有智慧地 —— 放下已經擁有但可能成為前進障礙的包袱，你多半會驚訝地發現：自己拋開的不過是一把雖能遮風擋雨，但又會阻礙視線的雨傘，自己因此而看到的卻是無比廣闊、無比壯麗的江山圖景！

■　用真心追隨智慧

李開復告訴我們：「在二十五歲以前，通常都會面臨兩個重要的選擇。一是選擇最適合自己的專業，二是選擇最適合自己的工作。選擇專業時，不應該只聽從父母的意見，也不應該只看學校的名氣大小或報考該專業學生分數的高低。相應的，選擇工作時也不能單純地考慮名、利、時尚等外在因素。我想，最重要的還是要聽從你內心的聲音，在綜合權衡自己的理想、學習、天賦以及工作條件的基礎上，做出正確的抉擇。」

「每個人的『真心』、『理想』、『興趣』不同，每個人的機遇不同，參加的團隊不同，學習的機會不同，擅長的『態度』或『行為』也不同。所以，你有選擇的權力，只要用智慧做出正確的選擇，你就能成為『最好的你自己』。」

　　陶淵明選擇了「採菊東籬下，悠然見南山」的閒適；文天祥選擇了「人生自古誰無死，留取丹心照汗青」的忠誠，魯迅選擇了棄醫從文的救國之路。在選與非選、做與不做之間，選擇的指標就掌握在你自己手中。

第三章 走好人生關鍵的幾步

第四章
怎樣選擇才稱得上理性

第四章　怎樣選擇才稱得上理性

　　感性如水，理性如冰。八分之一的冰山浮動在水上顯著莊重和威嚴，那是因為有八分之七的冰沉浸在水下。理性的選擇，就是掌握好八分之一與八分之七的分寸，像冰一樣冷靜沉著、處變不驚應付人生中的變數與抉擇。

　　猶太民族是一個處處彰顯理性之美的民族，也是世界上賺錢最多的民族。無論在全球金融界、商界還是科學界，他們擁有的財富所占的比重始終獨占鰲頭。為什麼猶太人會如此優秀呢？因為他們擁有智慧的頭腦，始終能做出理性的選擇。

選擇前得有一把尺規

　　每個人在做出選擇之前，心中都有一把尺規。但是這把尺規不一定是自己的，而可能是別人的。就像我們平常請朋友吃飯，你選擇去牛排館，因為你考慮到朋友是美國人——這時，你心裡的尺規是「利他」。其實你更想去的是夜市，因為你是臺灣人。在選好牛排或夜市後，你還會面臨高檔與低檔、坐公車去還是打車去等等一系列的選擇。面對這些選擇時，如果你心中沒有一把尺規，後面的事會顯得很尷尬。

　　牛排館選擇好了，是以朋友的尺規做出的選擇，或許這是出於對朋友的尊重。但在選擇高低檔餐廳和坐公車或打車時，如果我們不給選擇量身打造一把尺規，你會為了顧及顏面，打車進了高檔餐廳。吃完後發現口袋裡的錢不夠，朋友

幫你墊了一筆，此時你的「請」就失去了原本的味道。

有時候我們可以顧及別人而捨棄自己的尺規。但要明白，人生是自己的。大多數的選擇都是要按照自己的實際來量身打造的，這樣穿著的衣服才不至於過大而變得臃腫，過緊而變得不舒適。

有三個人要被關進監獄三年，監獄長說可以滿足他們每人一個要求。

美國人愛抽雪茄，要了三箱雪茄。法國人最浪漫，要一個美麗的女子相伴。而猶太人說，他要一部與外界溝通的電話。

三年過後，第一個衝出來的是美國人，嘴裡、鼻孔裡塞滿了雪茄，大喊道：「給我火，給我火！」原來他忘了要火了。接著出來的是法國人，只見他手裡抱著一個小孩子，美麗女子手裡牽著一個小孩子，肚子裡還懷著第三個。最後出來的是猶太人，他緊緊握住監獄長的手說：「這三年來，我每天與外界聯繫，我的生意不但沒有停頓，反而成長了百分之兩百，為了表示感謝，我送你一輛勞斯萊斯！」

雖然這不過是一個虛構的故事，但它告訴我們，要按照自己的實際來定一把尺規，做出適合自己的選擇。也告訴我們，每一把尺規標記的人生都是不一樣的。看完故事後，我們都想像猶太人那樣，但我們也應該想想，我們真的適合做

猶太人嗎？如果不合適做美國人也好，可以把雪茄給賣出去，或用根雪茄換成火，細細品味剩下的雪茄。

為什麼我們需要一把屬於自己的尺規呢？因為有了尺規，我們就不會對自己的選擇茫然、舉棋不定了，更不會因為自己的選擇而導致最後的尷尬或悔恨。

其實每個人的心中都有幾把尺規。我們迷惘，不是因為我們沒有自己的尺規，而是有了卻不知道什麼時候該用自己的尺規，什麼時候該用別人的尺規。其實這個選擇也不難。我們來看看這個故事便可豁然開朗：

傑瑞是個不同尋常的人。他的心情總是很好，而且對事物總是有正面的看法。當有人問他近況如何時，他會回答：「我快樂無比。」

他是個飯店經理，卻是個獨特的經理。因為他換過幾個飯店，而有幾個飯店服務生都跟著他跳槽。他天生就是個鼓舞者。如果哪個員工心情不好，傑瑞就會告訴他怎樣去看事物的正面，這樣的生活態度實在讓人好奇，終於有一天有人對傑瑞說：「這很難辦到！一個人不可能總是看事情的光明面。」「你是怎麼做到的？」這人問他。

傑瑞答道：「每天早上我一醒來就對自己說，傑瑞，你今天有兩種選擇，你可以選擇心情愉快，也可以選擇心情不好。我選擇了心情愉快。

　　每次有壞事發生時，我可以選擇成為一個受害者，也可以選擇從中學些東西，我選擇從中學習。

　　每次有人跑到我面前訴苦或抱怨，我可以選擇接受他們的抱怨，也可以選擇指出事情的正面。我選擇後者。」

　　「可是有那麼容易嗎？」這人立刻聲明。

　　「就是有那麼容易。」傑瑞答道，「人生就是選擇，當你把無聊的東西都剔除後，每一種處境就是面臨一個選擇，你選擇如何去面對各種處境，你選擇別人的態度如何影響你的情緒。你選擇心情舒暢還是糟糕透頂，歸根結底，你自己選擇如何面對人生。」

　　這人受到傑瑞一番肺腑之言的影響，沒有多久就離開了飯店去開創自己的事業，他們便失去了聯繫，但這人卻經常想到他。

　　幾年後，這人聽說傑瑞出事了，有一天早上，他忘了關後門，被三個持槍的強盜攔住了，強盜因為緊張而受了驚嚇，對他開了槍。

　　幸運的是，傑瑞被發現得較早，送進了急診室。經過十八個小時的搶救和幾個星期的精心照料，傑瑞出院了，仍有小部分彈片留在他的體內。

　　事情發生後八個月，這人見到了傑瑞。這人問他近況如何，他答道：「我快樂無比。想不想看看我的傷疤？」

這人看了他的傷疤，又問他當強盜來時，他想了些什麼。

　　「我腦海中浮現的第一件事是，我應該關後門。」傑瑞答道，「當我躺在地上時，我對自己說有兩個選擇：一個是死，一個是活，我選擇了活。」

　　「你不害怕嗎？你有沒有失去知覺？」這人問道。

　　傑瑞繼續說：「醫護人員都很好，他不斷告訴我，我會好的。但當他們把我推進急診室後，我看到他們臉上的表情，從他們的眼中我讀到了『他是個死人』，我知道我需要採取一些行動了。」

　　「你採取了什麼行動？」這人趕緊問。

　　「有個身強力壯的醫生大聲問我問題，他問我有沒有對什麼東西過敏。我馬上答道，有，這時，所有的醫生護士都停下來等著我說下去。我深深地吸了一口氣，然後大聲吼道：『子彈！』在一片大笑聲中，我又說道，『我選擇活下來，請把我當活人來醫，而不是死人。』」

　　傑瑞活了下來，一方面要感謝醫術高明的醫生，另一方面得感謝他那驚人的生活態度。

　　選擇有時候只是一種心態，我們會迷惘，因為我們沒有想到自己，而是想到別人。人生的路是自己的，不是別人的，自己的人生本來就應該由我們自己來掌控。所以無論什麼時候，都應該統一自己的「尺規」，這樣我們就不會在猶

豫中浪費時間。

　　每個投資者內心都有一把衡量的尺規，每一個人的人生同樣需要一把尺規來丈量選擇的寬度及人生的高度。

選擇應符合自身的利益

　　在我們統一了自己心中的那把尺規後，就會發現，尺規也有著很多不合邏輯的地方，甚至和現實邏輯背道而馳。所謂的現實邏輯就是現實世界中的各項事實及定律，像是酗酒和抽菸對身體不好卻有無數菸民與酒鬼樂此不疲；違法犯紀必定會受到法律的制裁卻不乏前仆後繼的以身試法者。所以我們在給自己量身打造好屬於自己的尺規後，在不違反法律、道德的基礎上，應該讓選擇符合自身的利益。

　　在澳洲的一所大學裡曾經發生過這樣一個故事：

　　在快下課時教授對同學們說：「我們來玩個遊戲，誰願意配合。」一個女生走上臺來。

　　教授說：「請在黑板上寫下你難以割捨的二十個人的名字。」女生照做了，有她的鄰居、朋友、親人等等。

　　教授說：「請你劃掉一個這裡面你認為最不重要的人。」女生劃掉了一個她鄰居的名字。

　　教授又說：「請你再劃掉一個。」女生又劃掉了一個她的同事。

教授再說：「請你再劃掉一個。」女生又劃掉了一個。

　　最後，黑板上只剩下了她的父母、丈夫和孩子。教室非常安靜，同學們靜靜地看著教授，感到這似乎已不再是一個遊戲了。

　　教授平靜地說：「請再劃掉一個。」

　　女生遲疑著，艱難地做著選擇……她舉起粉筆，劃掉了父母的名字。

　　「請再劃掉一個。」身邊又傳來了教授的聲音。

　　她嚇傻了，顫抖地舉起粉筆緩慢而堅決地又劃掉了兒子的名字。緊接著，她哭了，樣子非常痛苦。

　　教授等她平靜了一下，問道：「和你最親的人應該是你的父母和你的孩子，因為父母是養育你的人，孩子是你親生的，而丈夫是可以重新再尋找的，為什麼丈夫反倒是你最難割捨的人呢？」

　　同學們靜靜地看著她，等待著回答。

　　女生平靜而又緩慢地說道：「隨著時間的推移，父母會先離我而去，孩子長大成人後肯定也會另築新巢，真正陪伴我度過一生的只有我的丈夫。」

　　當我們面對這樣的選擇時，我們的答案又是怎麼樣的呢？每個人都會有不同的答案，因為我們每個人的自身的利益都不一樣。曾經看到過這個故事後面有一位網友這樣留言道：

「夜更深了，我忽然覺得孤單，我想如果這件事發生在我的身上，我會不會一下子就能寫出二十個難以割捨的人的名字，我會不會在自己的父母和丈夫之間猶豫，我也很想知道，究竟放棄哪一樣會讓我感覺更痛苦。但我明白故事的意思：生活就像洋蔥，一片一片地剝開，總有一片會讓我們流淚，不要害怕被別人誤會。生命不是用來更正別人的錯或證明自己的對──生命是用來生活的，要活出自己的本色，活出自己的效益，活出自己的價值。」

雖然現實生活中，很少有這樣殘酷的抉擇，但總是有著許多類似的選擇。

最常見的例子就是「和自己不喜歡的人結婚」。在做決定時，可能以父母親友、社會或道德的尺規來作為判斷依據。如此情況下所做的決定，很難會是個好決定，是否符合自身的利益也令人懷疑。因為只有你自己知道自己需要什麼，只有你自己知道自己的效益點在哪裡。

還有一個常見的情形便是升學考試後選填志願。本來要選擇什麼專業什麼學校應該根據自己的興趣和專長來選擇，然而大部分的學生卻會受到社會價值觀、父母的期望等因素的影響而做了錯誤的選擇。

或許有人會覺得，發生這種情況也是不得已的。做決定的人有太多的苦衷和無奈，認為或許這種決定才是完美的決定，能夠使大家皆大歡喜。這種想法卻是大錯特錯，因為世

上沒有完美的選擇。記住，當我們永遠無法同時滿足眾人的要求時，只有符合自身效益的決定，才是正確的決定。

被別人左右了選擇，就等於被別人左右了人生。世上最完美的選擇就是屬於自己的選擇。

選獅子還是選狼做敵人

上帝把兩群羊放在草原上，一群在南，一群在北。

上帝還給羊群找了兩種天敵，一種是獅子，一種是狼。

上帝對羊群說：「如果你們選擇狼，就給一隻，任牠隨意咬。如果你們選擇獅子，就給兩頭，你們可以在兩頭獅子中任選一頭，還可以隨時更換。」

問題就是：如果你也在羊群中，你是選狼還是選獅子？

好吧！記住你的選擇，接著往下看。

南邊羊想，獅子比狼凶猛得多，還是選狼吧！於是，牠們就選了一隻狼。

北邊羊想，獅子雖然比狼凶猛得多，但我們有選擇權，還是選獅子吧！

於是，它們就要了兩頭獅子。

狼進了南邊羊群後，就開始吃羊。狼身體小，食量也小，一隻羊夠牠吃好幾天了。羊群每隔幾天才被追殺一次。

北邊羊挑選了一頭獅子，另一頭則留在上帝那裡。這頭

獅子進入羊群後，也開始吃羊。獅子不但比狼凶猛，而且食量驚人，每天都要吃一隻羊。這樣羊群就天天都要被迫殺，驚恐萬狀，羊群趕緊請上帝換一頭獅子。

不料，上帝保管的那頭獅子一直沒有吃東西，飢餓難耐，撲進羊群，比前面那頭獅子咬得更瘋狂。羊群一天到晚只是逃命，連草都快吃不成了。

南邊羊群慶幸自己選對了天敵，又嘲笑北邊的羊群沒有眼光。北邊羊群非常後悔，向上帝大倒苦水，要求更換天敵，改要一隻狼。

上帝說：「天敵一旦確定，就不能更改，必須世代相隨，你們唯一的權利是在兩頭獅子中選擇。」

北邊羊群只好把兩頭獅子不斷更換。但兩頭獅子同樣凶殘，換哪一頭狀況都比南邊羊群悲慘，牠們索性不換了，讓一頭獅子吃得膘肥體壯，另一頭獅子則餓得精瘦。眼看那頭瘦獅子快要餓死了，羊群才請上帝換一頭。這頭瘦獅子經過長時間的飢餓後，慢慢悟出了一個道理：自己雖然凶猛異常，一百隻羊都不是對手，可是自己的命運是操縱在羊群手裡的。羊群隨時可以把自己送回上帝那裡，讓自己飽受飢餓的煎熬，甚至有可能餓死。

想通這個道理後，瘦獅子就對羊群特別客氣，只吃死羊和病羊，凡是健康的羊牠都不吃了。羊群喜出望外，有幾隻

小羊提議乾脆固定要瘦獅子，不要那頭肥獅子了。

一隻老公羊提醒說：「瘦獅子是怕我們送它回上帝那裡挨餓，才對我們這麼好。萬一肥獅子餓死了，我們沒有了選擇的餘地，瘦獅子很快就會恢復凶殘的本性。」

羊群覺得老羊說得有理，為了不讓另一頭獅子餓死，牠們趕緊把牠換回來。

原先肥壯的那頭獅子，已餓得剩下皮包骨頭了，並且也懂得了自己的命運是操縱在羊群手裡的道理。

為了能在草原上待久一點，牠竟百般討好起羊群來，而那頭被送交給上帝的獅子，則難過得流下了眼淚。

北邊羊群在經歷了重重磨難後，終於擁有自由自在的生活，南邊羊的處境卻越來越悲慘了。因為那隻狼沒有競爭對手，羊群又無法更換牠，牠就胡作非為，每天都咬死幾十隻羊，這隻狼早已不吃羊肉了，牠只喝羊的血，還不准羊叫，哪隻叫就立刻咬死哪隻。南邊的羊群只能在心中哀嘆：「早知道這樣，還不如要兩頭獅子。」

你選擇的答案是什麼呢？是獅子還是狼呢？心理學家曾做過這樣的試驗，竟然有過半的人還是一樣會選擇狼。這樣的選擇似乎很理性，但實際上並非如此。

故事終歸是故事，現實中的羊從來就沒有選擇的權力。值得慶倖的是：上天在賦予人類和動物一樣的生命和適應環境以求生存的本能之外，還多給了人類一把萬能鑰匙：運用

智慧來選擇行動的自由。人為「萬物之靈」，靈就靈在人有別於其他生命 —— 人具有自由選擇的莫大潛能。

下次，當你面臨一個重要的抉擇時，千萬不要光看表面的得失，一定要深入思索，用選擇的權力為自己謀求更大的機遇和發展，減少更多的麻煩和損失。

我們無法選擇自己從哪裡來，卻可以選擇往何處去；我們無法丈量自己生命的長度，但可以選擇生命的厚度。

面對一筐爛蘋果該如何選擇

聰明的人，即使是面對一筐爛蘋果，也不會放棄選擇的權力去任選一顆。他會從中選取一顆相對不太爛的蘋果，即所謂的「兩害相權取其輕」。

「兩利相權取其重，兩害相權取其輕」，起源於經商活動。這句話是說馳騁於商海的人，難免遇到盈利和虧損，那就需要有「避重就輕」的本領。在有利可圖時，就要讓利潤達到最大；如果賠本，就要將損失降到最低。

「兩害相權取其輕」其實就是如何在一筐爛蘋果之中選出一個不太爛的，這也是我們常用一種的方法。從爛蘋果中挑選一個最好的，看似容易卻很難。

我們都想要一種萬全之策來擺脫困境，可是「金無足赤，人無完人」，世間總是有太多的不完美。很多時候，我們也只有在爛蘋果中挑選。所以我們應該學會分析困境，選

擇一個危害較小的方法，這樣就可以稱得上理性。

　　一個小男孩，飛快地奔跑著。當他轉過街頭拐角時，與一個正在為下一場布道選題而苦惱的牧師撞個正著。

　　「孩子，你要去哪裡，為什麼跑得這樣快？」牧師喘過氣來問道。

　　「回家！媽媽要打我屁股。」男孩上氣不接下氣地邊跑邊說。

　　「哦，什麼！？」牧師深深吸了一口涼氣，吃驚地說，「難道你是喜歡讓人打屁股，才跑得這麼快？」

　　「不，不。」男孩一邊向家飛跑，一邊回頭大聲說，「我要趕在爸爸回家前到家，不然，爸爸回來就不僅僅是打我屁股了。」

　　牧師靈機一動，便決定下一個布道的題目 —— 《永不放棄選擇的權力》。在布道中，他引用了他上述的親身經歷。

　　其實每一個困境都是自己不夠理智的選擇導致的，但是任何人都無法做到時刻理性。因為理性選擇的成長、成熟需要困境的食糧來餵養。所以，我們在遭遇困境時，不應該埋怨自己當初的選擇，而是應該像小男孩一樣，坦然接受「媽媽打屁股」，才不至於「挨爸爸的打」。

　　「什麼是甜，什麼是苦，只知道確定了就義無反顧，要輸就輸給追求，要嫁就嫁給幸福。」告訴選擇，即便敗也要敗得漂亮點。

做正確的事 VS 把事做正確

　　有幾個砍伐矮灌木的工人，接到一個任務，去清除一片矮灌木。當他們走進一片灌木時，便開始清除。當他們費盡千辛萬苦，好不容易清除完這一片灌木林，直起腰來，準備享受一下完成了一項艱苦工作後的樂趣時，卻猛然發現，他們需要清除的不是這片，而是旁邊那片灌木。想想我們有多少人在工作中如同這些砍伐矮灌木的工人一樣，只會埋頭砍伐矮灌木，到最後才發現需要砍的並不是那片。

　　現代管理大師彼得‧杜拉克（Peter Drucker）曾說過：「管理是一種實踐，其本質不在於『知』，而在於『行』；其驗證不在於邏輯，而在於成果；不但要正確地做事，更要做正確的事。」我們在做事之前，得先明白做事的步驟，只有這樣我們才能把事情做好。首先是做正確事，其次是正確地做事，最後才是把事做正確。只有經過了三步的「浪裡淘沙」後，我們才會成為沙礫中閃耀的金子。

　　某知名公司招聘一名維修部主管，在經過幾輪殘酷的淘汰考核之後，應聘人數從幾千人角逐到最後的兩人，他們分別是小張和小李。

　　最後一輪考核，總經理親自出場，給了他們每人一部殘舊不堪的壞機器，然後叫他們修理。

　　小張把機器拆開，仔細地檢查內部的每個零件，不久，

他皺起了眉頭。總經理看了笑著問：「可以修好嗎？」小張猶豫片刻，自信地說：「只要功夫深，鐵杵磨成針，我一定能修好的，請放心好了。」

總經理又看了看小李這邊，他也是把機器拆了個「粉碎」，仔細地檢查，不久，也皺起了眉頭。總經理又問：「可以修好嗎？」小李笑了笑：「對不起，這部機器實在是修不好，很抱歉。」

最後應聘結果讓人大跌眼鏡，竟然是小李。小張不解地望著總經理，想尋找答案。總經理笑了笑：「原因很簡單，因為這兩部機器是無法修好的，無論你下的工夫有多深，針是無論如何也磨不成鐵棒的。」

讓別人選擇我們，我們必須得先做好選擇。沒有那個企業願意在廢棄的機器上浪費時間，浪費金錢。要知道一個企業需要的是效率，更需要的是效能。效率是做好一件事的速度，而這件事本身沒有誰做不好，只要用心。但不是每個人都能做到效能，效能是選擇一件正確的事去做。

有一家大企業，其中一臺價格昂貴的機器突然發生了故障。這時修好這臺機器成了許多維修工程師的緊急任務，他們對機器進行了認真的常規檢查，忙得一個個滿頭大汗，然而還是不知道問題出在哪裡。

後來他們請來了的一位專家，在這臺機器上左聽聽，右看看，最後微笑著在機器的部件上劃了一條線，說：「將這

裡打開，問題就在這裡。」果然，被打開後發現竟然是卡了一隻小老鼠，結果導致其中一個零件運轉異常的。知道了問題的所在，很快人們就把機器修好了。

在這個簡單的例子中，為了檢測故障，工程師們用常規的方法，拆開來看是否有短路等，結果對於這種特殊的情況自然是藥不對症。因此，做事的時候，如果單純做自認為「正確的事」，往往會陷入僵局，與結果偏離得越來越遠。其實我們做事的時候往往也都有以下幾種固定的模式，有時候它們看似正確，但有時候也不一定是正確的。所以，我們應該根據實際情況，將卜面這些固定的思考模式打破：

* 先做喜歡做的事，然後再做不喜歡做的事。
* 先做熟悉的事，然後再做不熟悉的事。
* 先做容易做的事，然後再做難做的事。
* 先做只須花費少量時間即可做好的事，然後再做需要花費大量時間才能做好的事。
* 先處理資料齊全的事，然後再處理資料不齊全的事。
* 先做已排定時間的事，然後再做未經排定時間的事。
* 先做經過籌畫的事，然後再做未經籌畫的事。
* 先做別人的事，然後再做自己的事。
* 先做緊迫的事，然後再做不緊迫的事。
* 先做有趣的事，然後再做枯燥的事。

* 先做易於完成的事或易於告一段落的事，然後再做難以
  完成的整件事或難以告一段落的事。
* 先做自己所尊敬的人或與自己有密切的利害關係的人所
  拜託的事，然後再做自己所不尊敬的人或與自己沒有密
  切的利害關係的人所拜託的事。
* 先做已發生的事，然後做未發生的事。

　　顯然，以上這些決定做事的先後次序是過於主觀的，並
沒有按照「做正確的事 —— 正確做事 —— 把事做正確」的
步驟來走。這樣我們就會跟那些工程師們一樣，忙得滿頭大
汗，最後還是一無所獲。

　　人生其實是一道道選擇題的組成，只要我們懂得選擇做
正確的事比把事做正確更重要後，努力去兌現它，人生的答
卷一定是令人滿意的。

做要事比做急事更重要

　　如果你今天有很多不重要但緊急的事需要處理，那麼你
的昨天是失敗的，你的今天，甚至是明天也是失敗的。因為
做要事比做急事更重要。

　　如果你現在還在忙於做不重要的急事的話，盡快完成它
或放下它，為自己今天要處理的事畫一個座標。這樣儘管你
的昨天失敗了，至少今天、明天便是成功的。

A 重要而且緊急的事情：這類事情是你最重要的事情，而且是當務之急的。有的是實現你的事業和目標的關鍵環節；有的則與你的生活息息相關，它們比其他任何一件事情都值得優先去做。只有它們都得到合理高效的解決，你才有可能順利地進行別的工作。

B 重要但不緊急的事情：這類事情要求我們具有更大的主動性、積極性和自覺性。從一個人對這類事情處理的好壞，可以看出這個人對事業目標和進程的判斷能力。因為我們生活中大多數真正重要的事情都不一定是緊急的，比如讀幾本有用的書、休閒娛樂、培養感情、節制飲食、鍛鍊身體。這些事情重要嗎？當然，它們會影響我們的健康、事業還有家庭關係。但是它們急迫嗎？不。所以很多時候這些事情我們都可以拖延下去，並且似乎可以一直拖延下去，直到我們後悔當初為什麼沒有重視，沒有早點來著手解決它們。

C 緊急但不重要的事情：有這樣的事情嗎？當然，而且隨時隨地會出現。本來你已經洗漱妥當準備休息，養足精神明天去圖書館看書時，忽然電話響起，你的朋友邀請你現在就去酒吧聊天。你沒有足夠的勇氣回絕他們，你不想讓朋友們失望。然後，你去了，次日清晨回家後，你頭昏腦漲，整個白天都昏昏沉沉的。這是因為你被別人的事情牽著走了，而你認為重要的事情卻沒有做，這或許會造成你長時間都處於被動。

D 既不緊急又不重要的事情：很多這樣的事情會在我們的生活中出現，它們或許有一點價值，但如果我們毫無節制地沉溺於此，就是在浪費大量寶貴的時間。比如，我們吃完飯就坐下看電視，卻常常不知道想看什麼和後面要播什麼，只是被動地接受電視發出的資訊。往往在看完電視後，你會覺得不如去讀幾本書，甚至不如去跑跑健身車，那麼剛才你所做的就是浪費時間。其實你如果注意觀察，很多時候你花在電視上的時間都是被浪費掉了。

　　列出這個座標後，看看你的時間都花費在哪個象限裡呢？

　　是 A 嗎？要是那樣，可以想像你每天的忙亂程度，這樣做會耗費你巨大的精力。而一個又一個的問題會像大浪一樣向你湧來，因為經常這樣，你早晚有一天會被擊倒、壓垮、焦頭爛額、狼狽不堪。

　　要是 C 的話，你的工作效率就可想而知了。不要以為這些是緊急的事就認為它們也很重要。實際情況是，這些事情的緊迫性常常是由別人的輕重緩急來決定的，你始終在被別人牽著鼻子走。

　　要是 D 呢？很遺憾，如果長此以往，你將一事無成。你既沒有工作效率，也沒有絲毫的工作效能可言。它除了浪費了你很多時間以外，還證明你是一個控制不住自己情緒的人。

　　只有屬於象限 B 的事，它才是卓有成效的個人管理的核心。儘管這些事不緊急，但它卻決定了我們的生活品質、受教

育程度、品味培養、工作業績等等。只有養成「做要事」的良好個人習慣，你工作起來才會駕輕就熟。你才能提前做工作計畫、按時複習功課、經常鍛鍊身體、保持良好狀態，並且避免了「臨陣磨槍」的緊張和尷尬。這才是我們所提倡的。

為什麼我們常常埋怨自己整天都碌碌無為呢？因為我們把百分之九十的時間花在了象限 C，以應付那些看來永無窮盡的緊急事，又幾乎把剩下的百分之十的時間用在了象限 D。所以我們整天忙碌，最後還是兩手空空。

一個人要在客廳裡掛一副字畫，便請鄰居來幫忙，字畫已經在牆上扶好，正準備釘釘子。鄰居說：「這樣不好，最好釘兩個木塊，把字畫掛在上面。」朋友聽從了鄰居的意見，請他幫著去找鋸子。剛鋸了兩三下，鄰居說：「不行，這鋸子太鈍了，必須磨一磨。」

於是鄰居丟下鋸子去找銼刀。銼刀拿來了，他又發現銼刀的柄壞了。為了給銼刀換一個柄，他拿起斧頭到樹林裡去尋找小樹。就在要砍樹時，他發現那把生滿鐵銹的斧頭實在是不能用，必須磨一下。

磨刀石找來後鄰居又發現，要磨快那把斧頭，必須得用木條把磨刀石固定起來。為此，他又出去找木匠，說木匠家有現成的木條。

然而，這一走，這個人就再也沒有看見鄰居回來。當然，那幅字畫，這個人還是一邊一個釘子把它釘在了牆上。

第二天他再見到鄰居的時候是在街上，鄰居正在幫木匠從五金商店裡往外搬一臺笨重的電鋸。

有時候我們總跟這個鄰居一樣，整天忙著應急，最後還是白忙一場。我們怎樣才能不與這位鄰居「為鄰」呢？每天把所做的事情，按照上面的座標畫出來，將 A 一天天減少，讓 B 一天天增多。堅持二十一天，你的工作習慣將會有一個全新的改變。

在重要與緊急的事面前，我們選擇了什麼，最後就決定了我們的命運是什麼。一個座標，標示的是我們的選擇，更指示著我們的命運。

三思而後行的人很少後悔

沒有誰敢說，我從來就沒有後悔過。即便我們不曾一次對自己說：我可以哭、可以笑、可以悲傷、可以徬徨，但是我絕不能後悔。我們在勸慰別人的時候，總是會把事情往樂觀的一面想，告訴別人「世上沒有後悔藥吃」，我們只有用現在的行動去彌補過往的悔恨。但是在自己不開心或失敗後，又總是這樣後悔到：「為什麼我當初要這樣做呢？為什麼我一開始選擇了她（他）呢？為什麼我當初不說出那句話呢？……」

有一對夫妻養了一隻狗，牠就像是家裡的成員一樣，主人回來總是搖著尾巴高興地跑到主人懷裡撒嬌，伸出熱呼呼

的舌頭舔主人的手。這對夫妻也經常帶著牠出去散步，非常喜歡牠，狗也很盡責，有陌生人來根本進不了門，直到主人勸住牠。

後來這對夫妻有了個兒子，兩人就把注意力放到了兒子身上，自然就疏遠了狗，那條狗經常用一種像是嫉妒的眼神看著他們剛出世的兒子。剛開始他們怕狗會傷害兒子，想把狗送走。誰知過了一段時間，好像狗比他們還更喜歡他們的兒子，經常一動不動地在搖籃旁看著他們的兒子，有時還會學主人的樣子推著搖籃哄小嬰兒睡覺，看到小嬰兒把被子踢開還會用嘴幫他蓋好，很盡責的樣子，兒子似乎也熟悉了牠，只要這條狗在旁邊就不會哭，還很開心地和牠玩！儼然就是一個小保姆！夫妻兩人就放心了，他們經常出去買菜或者辦事都讓狗獨自看著兒子。回來時狗總是安靜地待在搖籃旁，他們相信這條忠誠的狗甚至於超過其他人！

有一次，他們要去臨近的一個城市辦事，幾個小時就回來。走時把兒子餵飽，看著他睡著後，拍拍狗，指指兒子，要牠好好照顧兒子，狗就像平時一樣向他們努努嘴，意思是讓他們放心去。

於是，夫妻兩人就走了，誰知道辦完事回來的路上遇到高速公路坍方，被堵在路上整整一晚！他們想著兒子心裡非常著急。還想到準備的狗糧也不夠，狗餓了怎麼辦。他們在的地方手機又沒訊號，終於等到通車已經是第二天中午。急

忙趕回家，剛打開門就發現地上一攤血跡，他們好像明白了什麼。發瘋似地進去一看，兒子已不在搖籃裡，周圍都是血跡。狗從裡屋跑出來，一樣向他們撒嬌，舔著他們的手，只是牠的滿嘴和身上都是血跡。

　　他們明白了：畜生畢竟是畜生，不管平時多麼忠誠，在極餓的狀態下也會爆發野性，把兒子吃掉。他們就這樣呆呆地看著這一切，半天回不過神來。突然男主人從廚房拿出一把菜刀抓住狗，拖到院子裡。狗被嚇壞了，不知道主人怎麼會這樣對自己，但沒有反抗，當牠看到主人手裡的刀落下來時，眼神裡流露出不解和悽楚，主人看到後手裡的刀停頓了一下，但那只是一瞬間，他心裡的仇恨燃燒著，然後毫不猶豫地將刀落下，狗一聲不吭地倒下了。看著地上狗的屍體，他仍呆呆地站著……

　　過了不久，突然從裡屋傳來嬰兒的哭聲。他們回過神來，趕緊跑進去一看，兒子正好好地躺在床上剛醒，頓時他們就後悔了，一定是冤枉了他們的狗，但那些血是怎麼回事呢？他們在家裡找了一下，終於在外面的大床下發現一條蛇，被咬得七零八落，到處都是血，他們明白了：當狗發現這條蛇對兒子有威脅時，先把兒子叼進裡面的房間，然後獨自在外面和蛇展開搏鬥，把蛇咬死，保護了兒子。他們這才想起為什麼狗的嘴上和身上都是血，再想到剛才殺狗時牠的

眼睛裡流露的不解和悽楚，不禁抱著兒子跑到狗的屍體旁痛哭失聲，痛恨自己為什麼不把事情看清楚，可是大錯已鑄成。他們只好把狗帶到郊外埋了，為牠立了墓碑，上面寫著「義犬之墓」。

當然男主人的衝動是因為愛子心切，情急之下才做出了令自己後悔的事情。所以我們無論做什麼事情，都應三思而後行，設身處地，顧全大局，才能避免衝動的懲罰，避免錯誤和災難的發生。我們應該如何做到選擇時三思而後行呢？這個故事或許能給我們點啟示：

從前有一個人因為愚笨，而變得很窮，可是他的運氣很好。有一次下雨的時候，圍牆被雨沖倒了，他居然從倒塌的牆裡挖出了一壇金子，因此他一夜暴富。可是他依然很笨，他也知道自己的缺點。於是就向一位禪師訴苦，禪師告訴他說：「你有錢，別人有智慧，為什麼不用你的錢去買別人的智慧呢？」

於是這個愚人就來到了城裡，見到一個僧人，就問道：「你能把你的智慧賣給我嗎？」僧人答道：「我的智慧很貴，一句話一千兩銀子。」

愚人說：「只要能買到智慧，多少錢我都願意出！」

於是僧人對他說道：「遇到任何事不要著急處理，向前走三步，然後再向後退三步，往返三次，你就能得到智慧。」

「智慧」這麼簡單嗎？愚人聽了半信半疑，害怕僧人騙他的錢。僧人從他的眼睛中看出他的想法，於是對他說：「你先回去吧！如果覺得我的智慧不值得這些錢，那你就不要來了；如果覺得值得，就送錢來給我。」

當夜回家，他昏暗中發現妻子居然和另外一個人睡在床上，頓時怒從心生，拿起菜刀準備將那個人殺掉。突然想到白天買來的「智慧」，於是前進三步，後退三步，各三次。走到一半，那個與妻子同眠的人驚醒過來，問道：「兒子啊！你在做什麼呢？三更半夜的！」

原來是自己的岳母，愚人心裡暗驚：「若不是白天我買來的智慧，今天就錯殺岳母了！」

第二天，他一大早就給那個僧人送銀子去了。

任由頭腦發熱便會失去理智。意氣用事，是做抉擇的大忌。所以在選擇時，不妨也買這樣的「智慧」——遇到事情不要著急處理，向前走三步，然後再向後退三步，往返三次。

總之，要做一個成功的人，一定要克服不該有的衝動，千萬不可等到將來後悔時才埋怨自己為何會做錯事情。如果等到事情做錯了才想去彌補，通常都已經來不及了。後悔是人生最大的懲罰，它會伴隨人們今後的生活，讓人們內疚且痛苦不堪。所以，當我們做每一件事時，都要三思而後行。

走路應該朝前看，做事應該往後想，三思而後行方能遠行。

給思考騰出點時間

　　一天深夜，原子物理學的奠基者歐內斯特·拉塞福（Ernest Rutherford）走進實驗室，看見一個學生仍在工作臺前忙碌著。於是，拉塞福關心地問道：「這麼晚了，你在做什麼？」學生回答：「我在工作。」拉塞福接著問：「那你白天做什麼？」學生說：「也在工作。」拉塞福又問：「那麼，你一整天都在工作嗎？」這名學生如實回答：「是的，教授。」拉塞福稍稍想了一下，然後說：「你很勤奮，整天都在工作，這自然是很難得的。可是，我不能不問你，你用什麼時間來思考呢？」

　　為什麼我們會感覺無計可施、無路可走呢？因為我們總是跟這位學生一樣，整天在忙碌中，卻找不到思考的時間。孔子曾勸導我們「學而不思則罔，思而不學則殆」，只有在學與思之間做出理性的選擇，我們才不至於無路可走。羅賓·卡曾斯（Robin Cousins）曾說：「把時間用在思考上是最能節省時間的事情。」所以我們不妨走出忙碌，閒適地選擇思考。

　　有一名探險家到南美的叢林中尋找古印加帝國文明的遺跡。他雇當地人當嚮導和挑夫，儘管背著笨重的行李，但他們的腳力過人，健步如飛。連續三天，考察隊很順利地完成了原定的行程。到了第四天，探險家一早醒來就催著嚮導帶

領大家上路。不料他們卻拒絕行動，探險家對此感到非常氣憤和不解。經過溝通，探險家終於明白了，當地人有一種習俗：在趕路時，竭盡所能拼命向前衝，但每走三天，就休息一天。當探險家進一步詢問原因時，嚮導的回答讓他深有感觸──「那是為了讓我們思考的靈魂，能夠追得上我們趕了三天路的疲憊身體。」

在忙碌的中途，我們可以像南美當地人一樣，拒絕忙碌，給思考留點時間，這樣我們就不至於無路可走。

蜜蜂的蜂蜜吧終於開張了，生意特別昌盛，顧客來自各個領域。山上跑的、天上飛的、水裡游的……蜜蜂高興地不停招呼，忙得不亦樂乎。不久，牠絞盡腦汁想出了在山坡、水邊和森林裡開幾家分店，把生意做大的好主意。

一天，遊樂場的主人蝴蝶從容地前來拜訪蜜蜂。「蜜蜂，我工作累了，出來和你聊聊，你有沒有時間啊？」蝴蝶輕鬆愉快地問。

蜜蜂又好氣又好笑，邊團團轉地忙碌著，邊回答說：「我現在忙得連思考『有沒有時間』這個問題的時間都沒有，你沒有看到我正忙著開幾家蜂蜜吧嗎？我至少也要忙完這個週末。」

「你不是有時間開幾家分店嗎？我看你不僅有時間而且時間多的是，只是沒有想問題的時間罷了。」

蜜蜂聽後看看自己，覺得自己就像一隻無頭蒼蠅在不停

地旋轉，而蝴蝶在聊天時想出了在蜜蜂的蜂蜜吧旁開一家遊樂分場的好主意。

　　並不是花在工作上的時間越多，我們的工作效率就越高、獲得的利益就越大，我們要學會休息，懂得思考。或許沒有幾個人甘願只受人雇傭，整天忙碌，還拿不了多少錢。可是我們是否想過自己為什麼會一直忙碌呢？我們不妨來想像一下下面的這幅漫畫：

　　一間辦公室門上寫著「某某公司業務經理史密斯」，辦公室的牆上貼著一個字：「想」。畫中的經理大人，雙腳高翹在辦公桌上，面孔朝天，不斷向上吐著菸圈。辦公室外有兩位員工小聲嘀咕：「天曉得史密斯在想什麼。」下面的評語寫得更到位：的確，誰也不知道一個主管在想些什麼。「想」正是主管的本分。

　　我們為什麼整天忙碌卻不如老闆的「冥想」呢？因為我們只會一味地去忙碌，而不懂得拒絕忙碌，給自己騰出思考的時間。

　　日本近代有兩位一流的劍客，一位是宮本武藏，一位是柳生又壽郎，宮本是柳生的師父。當年柳生拜宮本學藝時，曾就如何成為一流劍客請教老師：「以徒兒的資質，練多久能成為一流劍客呢？」宮本答：「至少十年。」柳生一聽，十年太久，就說：「如果我加倍努力，多久可以成為一流劍客呢？」宮本笑了笑。柳生又說：「如果我再付出多一倍的

努力，多久可以成為一流的劍客呢？」宮本嘆了口氣答道：「如果這樣的話，你只有死路一條，哪裡還能成為一流的劍客？」柳生越聽越糊塗。這時宮本說：「要想成為一流劍客，就必須留一隻眼睛給自己。一個劍客如果只注視劍道，不知道反觀自我，反省自我，那他就永遠成為不了一流劍客。」

想成功，其實很簡單，就是尋找成功的方法，成功的方法在哪裡呢？思考。只要學會了思考，世上就沒有解決不了的難題，沒有想不出的辦法。

誰沒有用腦子去思考，到頭來他除了感覺之外將一無所有，哪怕是一個有才能的人，不懂得思考，最後也只能以悲劇收場。

給選擇一個期限

能不能放寬愛情的期限

讓擁抱可以拖延時間……

在分手的場面中，或許張智成的這兩句歌詞會唱響在我們的心中。我們常常在難以割捨中拖延時間，但最後還是要分離，拖延只會讓相擁的心更痛，更難以割捨，最後我們只能輸給時間。

不管是愛情、工作，都會因為我們的拖延，擦肩而過，錯失良機。我們常會在緊急關頭做決定時，擔心不成功而產

生拖延的現象。對於生存於競爭激烈的現代人來說,迅速而有效地做出決定比什麼都重要。

美籍華裔電腦名人王安博士說,影響他一生的事發生在他六歲的時候。

一天他外出玩耍,經過一棵大樹時,突然有一個鳥巢掉在他的頭上,裡面滾出一隻小麻雀。他決定把牠帶回家去餵養,便連同鳥巢一起帶回了家。走到家門口,忽然想到母親不允許他飼養小動物,於是他輕輕地把小麻雀放在門後,急忙走進屋去向母親懇求。在他的哀求下,母親破例答應了他。王安興奮地跑到門口,不料小麻雀已經不見了,一隻黑貓正意猶未盡地擦著嘴巴。王安十分傷心。從此,他記取了一個教訓。猶豫不決固然可以減少一些做錯事的機會,但也失去了一些成功的機遇。

這一孩提時候確立的行事準則成了王安日後取得事業成功的重要保證。大學畢業後,他獨立建構簡陋的實驗室,並自創公司。經過十年多的努力,王安在全世界六十多個國家設立了兩百五十餘家分公司或工廠,成為一個國際性的企業集團的總經理。西元一九八二年在《富比士》雜誌(Forbes)公布的美國前十五名豪富中,王安名列第五位。

當我們向成功人士請教成功的經驗時,他們中的許多人會說,目標和計畫是重要的,但立即行動更重要。

羅伯特·舒樂（Robert H. Schuller）博士是全世界最受歡迎的演講家之一，他每年都要遊歷美國各地，做七百場以上的公開演講，他還主持了一個電視節目，每星期同時在169 一百六十九個電視頻道中播出。

二十八歲時，舒樂博士帶著五百美元來到加利福尼亞州一個陌生的教區，準備興建一座教堂。結果，憑著他驚人的毅力和超凡卓越的管理才能，在完全沒有貸款的情況下，赤手空拳建造了一座耗資兩千萬美元的「水晶大教堂」，從而成為世界聞名的傳奇人物。

集一生傳奇經歷和豐富經驗的舒樂博士認為：「空有理想不付諸行動，夢想終歸只是夢想，永遠沒有實現的可能。」他說：「猶豫不決的人，常常遲遲不會行動。他們老是說『等一等，等我準備好時就一定開始。』但是準備又準備，卻從未就緒，成功的人，往往一經決定，就立即行動，因為機不可失，時不再來，失去契機，將永遠難以成功。」

拖延是許多人常犯的錯誤，他們對未來有很好的目標和工作計畫，甚至有了實施的方案，就是拖延著不去動手，他們把行動的日子放在明天或放在未來的某個日子，卻放任一個又一個今天從眼皮底下溜過去。他們寧願憧憬著夢裡盛開的玫瑰，也不去抓住今天立即著手播種。

美國著名投資家約翰·坦普爾頓（John Templeton）說：

「我想不出比『今日事今日畢』更好的工作方法。它是一種
艱苦的方法,需要用毅力去支援,但也是最好的方法。」

立即行動是與敏捷果敢、惜時守時連繫在一起的。具有
這種特質的人,更能贏得別人的尊重和信賴。與此相反,拖
延時間,猶豫不決不僅會錯失良機,滋生懶惰,也會削弱聲
譽,失去朋友,使你遠離成功。正像坦普爾頓所說:「有拖
延習慣的人永遠不可能獲得成功。誰願意和有拖延問題的人
打交道?誰願意依靠這種人?」

某天清晨,小張在上班途中,信誓旦旦地下定決心,一
到辦公室立刻著手草擬下年度的部門預算。

他準時於九點整走進辦公室,但他並沒有立刻開始預算
的草擬工作。因為他突然想到不如先將辦公桌及辦公室整理
一下,以便在進行重要的工作之前為自己提供一個乾淨、舒
適的環境。他總共花了三十分鐘的時間,使辦公環境變得有
條不紊。他雖然未能按原定計畫在九點鐘開始工作,但他絲
毫不感到後悔,因為三十分鐘的清理工作不但已獲得顯然可
見的成就,而且它還有利於以後工作效率的提高。

他面露得意神色隨手點了一支香菸,稍作休息。此時,
他無意中發現報紙上的彩色照片是自己喜歡的明星,於是情
不自禁地拿起報紙來。等他把報紙放回報架,時間又過了十
分鐘。這時他略感不自在,因為他已自食諾言。不過報紙畢

第四章　怎樣選擇才稱得上理性

竟是精神食糧，也是重要的溝通媒體，身為企業的部門主管怎能不看報，何況上午不看報，下午或晚上也一樣要看。有了藉口，心也就放寬了。於是他正襟危坐地準備埋頭工作。

就在這個時候，電話鈴聲響了，那是一位顧客的投訴電話。他連解釋帶賠罪地花了二十分鐘的時間才說服對方平息怒氣，掛上電話。然後他去了趟洗手間，在回辦公室途中，他聞到咖啡的香味。原來另一部門的同事正在享受「上午茶」，他們便邀他加入。他心裡想，剛費盡心力處理了投訴電話，一時也進入不了狀態，而且預算的草擬是一件燒腦的工作，若頭腦不清醒，則難以完成，於是他毫不猶豫地應邀加入，並在那裡前言不搭後語地聊了一陣。

回到辦公室後，他果然感到精神奕奕，以為可以開始「正式工作了」—— 擬定預算。可是，一看錶，已經十點四十五了！距離十一點的部門例會只剩下十五分鐘。他想，反正在這麼短的時間內也不太適合做龐大耗時的工作，乾脆把草擬預算的工作留待明天算了。

或許我們每天都跟小張一樣，有很多複雜又無法馬上決定的問題。這時，我們可以運用「限時決定法」來解決這些惱人的「燙手山芋」。所謂「限時決定法」就是給自己一個時限來做完某些決定，避免這些決定一直拖延下去，甚至到最後放棄不管。

　　「限時決定法」是以「時間」為第一準則，至於決定品質及其他因素，都在「時間」因素之後。生活中有些決定是有時間限制的，而且是不能耽誤任何一點時間的。這個時候，你就要採用「限時決定法」。

　　不管我們有多忙；不管這些事項還有多少資料需要搜集、多少前置作業要準備；不管這些決定有多困難，我們一定要給自己一個最後時限。否則，我們會因為拿不定主意，急得像熱鍋上的螞蟻，甚至錯失良機。因此，我們遇到重要的事情時，一定要給自己一個期限。

　　世界上最容易的事情中，拖延時間是最不費力氣的，也是最致命的。給選擇一個期限，不要讓它染上了拖延的弊病。

第四章　怎樣選擇才稱得上理性

第五章
選擇需要擔當、勇氣與膽識

幾個人來到岔路口，被告知前面的路一條通向天堂，一條通向地獄。但在當前的位置無法確定，必須走進去。往左走電閃雷鳴，往右走狼嗥虎嘯。有些人往左走幾步，再往右走幾步，哪條都不敢走下去，只好蹲在原地。一個勇敢的人往左走了，歷經艱險，終於看到了天堂的牌子。另一個勇敢的人往右走，歷經磨難，看到了地獄的牌子，但他沒灰心，繼續努力，最後把地獄變成了天堂。

　　選擇一旦有了擔當，就會鼓起勇氣。拿出膽識，去肩負起使命與責任，不管當前所處的是天堂，還是地獄，只要我們有勇氣繼續前行。即便是地獄，也可以因為你的膽識而使其變成一個充滿愛的天堂。

成功始於果敢的選擇

　　在當今資訊傳播迅速的時代，資訊就是機會，就是財富。但資訊給予的機會也是稍縱即逝，誰能快速拿捏，誰就能掌握市場的供需，誰就能獲得財富。在機會面前果敢決策，你就選擇了成功。

　　拿破崙‧希爾（Napoleon Hill）也是憑藉著一念之間果敢的選擇，才博得了世界最偉大的精神勵志導師，改變了他一生的思想和一生的道路。

　　拿破崙‧希爾還是個剛剛拋棄了煤礦和小鎮生活、口袋

裡連回家的費用都沒有的年輕人時，接到了為《鮑伯泰勒雜誌》（*Bob Taylor's Magazine*）採訪美國商業界領袖的工作。當他走進坐落於紐約第五大道上的安德魯·卡內基（Andrew Carnegie）那座有四層樓的大樓時，他有生以來第一次見到如此驚人的財富。忐忑不安的拿破崙·希爾被帶進安德魯·卡內基寬大的書房。書架上擺著幾千本書，四周牆上貼滿了卡內基喜愛的格言、金句。其中，卡內基特別喜愛並貼在醒目位置的是這樣一句格言：不會想的人是傻瓜，不願想的人冥頑不化，不敢想的人是奴隸。

採訪限定在三小時之內。但是三小時過後，卡內基卻說：「現在我們的會談才剛剛開始，到我家去，晚上住我那裡，晚飯後我們繼續談。」採訪持續了三天，圍繞著「成功原則」，卡內基滔滔不絕地談論著，核心是向希爾講述思想在人生中的重要地位。他說，思想是人類無窮無盡力量的真正源泉，處於支配地位的思想造就了一個人本身。卡內基以美國的誕生經過為例，闡述了人類思想的力量：「美國人之所以是世界上最富有、最自由的人，原因之一，就在於我們是以自由和豐富的思想去思考、去辯論、去行動的。正是因為有對自由的渴望和追求，美國才得以誕生。我們對自由的思考和談論很多，自由的觀念已經深深扎根於我們的思想和感情之中，因此我們才能為之戰鬥，並最終為自己贏得自由」。

第五章　選擇需要擔當、勇氣與膽識

　　卡內基告訴希爾，學會控制自己的思想有助於型塑自己的個性。他說，思想是一切幸與不幸的源頭，它既給你帶來友誼，也會給你帶來仇敵。思想本身沒有界限，如果說有，也只是因為有的人由於缺乏信念而為自己套上枷鎖。卡內基自豪地說：「如今的我，已不會再為貧窮而苦惱，因為是我在主宰著自己的思想，而我的思想會為我帶來所需要的一切，甚至還要多得多。這種思想的力量是具有普遍性的，它的作用，無論是對於最卑微的人，還是最偉大的人來說都是一樣的，沒有任何區別。」

　　在花了三天時間談論他的人生哲學和建立這一哲學的必要性後，卡內基提出了一個大約要花費二十年才能完成的宏偉計畫：對來自社會各個階層的成百上千名成功人士進行採訪，包括研究那些已去世的偉人們的創業經歷，然後將搜集到的所有資料進行分類整理，深入研究並加以提煉，最終形成一系列綜合性的原則，從而使偉人們的精神力量在改變了他們自己的生活後，也能幫助千百萬人改變他們的生活。

　　卡內基直截了當地問希爾，是否相信自己有能力擔負起這一艱巨的任務。希爾對此深感榮幸，考慮了不到半分鐘就決心接受這一任務。卡內基告訴希爾，他給希爾的考慮時間是六十秒。只要超過一秒鐘，卡內基就會收回這個要求，因為「一個人在熟悉了所有情況後，還不能果斷地做出決定，那麼就不該相信他會實行他將做出的任何決定」。

正當希爾為通過了卡內基的測驗而十分欣慰時，他被接下來給予的條件震驚了。

安德魯‧卡內基告訴希爾，他託付給希爾的這項任務中，絕對不包含任何資金酬勞，甚至不包括希爾在完成工作期間所必須支出的實際費用。希爾簡直無法相信自己的耳朵。一個世界上最富有的人，交付給最貧窮的人一項需要二十年才能完成的任務，而卡內基居然一塊錢也不打算付。

此時，卡內基向目瞪口呆的希爾保證，希爾從這份工作中得到的回報，將遠非他所能給他的報酬能比的，希爾能夠從中率先領悟到成功的祕訣，並且打開許多靠自己也許永遠都打不開的大門。還有最重要的一點，就是希爾能夠有幸為全世界的人們提供一份迄今為止對人類最富有啟發性和指導意義的著作。

在希爾離開之前，卡內基對他說：「二十年的時間是漫長的，我給你的條件也非常苛刻。對你來說，前方還會有許多誘惑在等著你，它們會使你放棄這項工作而迷戀上其他的事情。所以呢，我想送你一個行動的法寶，當誘惑接連不斷地向你湧來時，可以幫你輕鬆地躍過它們。」希爾迅速地記下這些話。卡內基說：「我要你認真地把這個行動準則記下來，這個準則是這樣的：安德魯‧卡內基，我這一生不僅要取得像你那樣的成就，我還要在歷史舞臺的起跑線上向你挑戰並且超過你。」聽到這裡，希爾扔下筆，說：「卡內基先生，

你非常清楚我不可能做得到這一點。」卡內基說：「如果你自己都不相信，那我非常清楚你做不到這一點。但是如果你認為這一切是可能的，那你就一定能做到。」卡內基最後給了希爾三十天的試做期，希爾答應了：「好吧！但願上帝能帶給我好運。」

離開卡內基後，希爾回到了華盛頓與他兄弟合住的公寓。希爾的家人對他選擇從事的這項浩大工程的反應是各式各樣——從持溫和的懷疑態度到嘲笑挖苦，乃至直截了當地表示憤慨。除了他的繼母瑪莎以外，所有的家庭成員都認為這個決定過於魯莽草率，並堅信他無法在完成這一浩大工程的同時，還能賺錢維持自己的生活。當然，他們只不過是把希爾內心的疑慮說了出來。他感覺到在自我欺騙，他告訴自己這是件很愚蠢的事情，幾乎決定要拒絕卡內基了。但是，那個月底，希爾改變了想法，他不僅相信自己將努力追趕卡內基，而且在內心深處相信自己一定會實現目標。

半個世紀過去後，八十一歲的拿破崙·希爾在講臺上對大眾說：「現在，我可以謙虛地告訴你們，就在很久以前，我就已經把卡內基遠遠拋在後面了。我雖然不像他那麼富有，但我擁有我所需要的一切。與卡內基先生比起來，我造就了更多的百萬富翁。我不相信他造就了二十個富翁，也許還沒有那麼多……」

正如卡內基所說「一個人在熟悉了所有情況後，還不能果斷地做出決定，那麼就不該相信他會實行他將做出的任何決定」，拿破崙·希爾在面對家人、朋友的反對，甚至譏笑時，他依然果斷地承擔這個使命。在經過二十年走訪社會各階層的成功人士後，他創立了全新的成功學概念，使千百萬人包括他自己從一貧如洗變成了百萬富翁，從無名之輩成為社會名流。

每一次果斷的選擇，都在孕育著一個成功的機遇。

該出手時你出手了嗎

在現實生活中，機會猶如電光石火，稍縱即逝。我們要及時發現，果斷「出手」才能掌握住制勝的良機。我們都知道「機不可失，時不再來」，卻常常因為掌握不住機會而被機會遺忘在角落。為什麼我們掌握不住機會呢？因為我們對時機意識不清，掌握不準。對機會的意識，決定了對機會的選擇。不能識機，也就無所謂擇機；識機不深不明，便會在機會選擇上猶豫徘徊，左顧右盼，不知道什麼時候該出手，即便知道該出手了，也沒有勇氣和膽識出手，最終錯失良機。

三國時代的袁紹就是其中的一個典型。他是名門望族之後，十八路諸侯討伐董卓時，被推為盟主。一時間，天下英

第五章　選擇需要擔當、勇氣與膽識

雄豪傑、仁人志士，紛紛投其麾下。那時，他擁有四州之地、數十萬大軍，帳下謀士如雲、戰將林立，成為當時北方勢力最大的割據者。然而，這樣一個人物，最後竟然敗在曹操的手下。袁紹的敗北，固然有許多原因，但其中主要的一點就是「多謀少決」，錯過了不可復得的戰機。

袁紹第一次發兵討曹失敗，退軍河北。這時曹操乘機征伐劉備，許都兵力空虛。謀士田豐勸說袁紹抓住良機，再次攻打許都。

田豐說：「老虎正在捉鹿，熊可以乘機闖進虎穴吃掉虎子。老虎前進捉不到鹿，退又找不到虎子。現在曹操親率大軍征討劉備，國內空虛。將軍長戟百萬，騎兵千群，徑直攻打許都，搗毀曹操的巢穴，百萬雄師，從天而降，就像舉烈火燒茅草，傾海水澆火炭，能不成功嗎？兵機的變化非常之快，戰爭的勝利可在戰鼓聲中獲取。曹操得知我們攻下許都，必須丟下劉備，回攻許都。那時，我軍占據城內，劉備在外面攻打。反賊曹操的腦袋肯定懸掛在將軍您的旗杆上了。反之，失去這個機會，不去攻打許都，使曹操得以歸國，休兵不戰，生養百姓，積儲糧食，招攬人才，加上現在大漢的國運衰微。綱紀不存，曹操利用他的勢力，放縱他的貪欲，那必然釀成篡逆的陰謀。到了那時，即使有百萬兵馬攻打他，也無濟於事了。」

可惜的是，袁紹以兒子有病加以推辭，不許發兵。田豐十分懊惱地說：「遇到這樣難得的機會，卻因為嬰兒的緣故失掉了，大勢去矣！可痛惜哉！」

可見，機會並不是賜給每個人的。無論在社會生活還是社會競爭中，機會只偏愛那些有準備的頭腦，只垂青那些深諳如何掌握它的人。在機會面前，任何猶豫都與它無緣，都不能開啟勝利之門。機不可失，時不再來，在進退之間，不能掌握時機、勇於選擇，必將一事無成，抱恨終生。

錯過了成功的機會，不是因為機會沒有來，而是來了，沒有出手抓住。

敢做比會做更重要

在我們身邊，有許多相當成功的人，其實他並不一定比你「會」做，更重要的是他比你「敢做」。「敢做」不等於膽大妄為，更不等於違法亂來。敢做，需要冒險精神勇於去做，更需要勇氣去面對各種挫折與失敗。

黛比出生在有很多兄弟姐妹的大家庭。從小她就非常渴望得到父母親的讚揚和鼓勵，但由於孩子多，她父母根本就無暇顧及她。這種經歷使得她長大成人後依然缺乏自信心。

後來她嫁給一個非常成功的企業主管，但美滿的婚姻並沒能改變她缺乏自信的心態。當她與朋友出去參加社交活動

第五章　選擇需要擔當、勇氣與膽識

時，她總是顯得很笨拙，唯一使她感到自信的是在廚房裡烤製麵包的時候。她非常渴望成功，但是鼓起勇氣從家中走出去，做出決定去承擔具有失敗風險的羞辱，對她來說是想也不敢想的事情。

隨著時間的推移，她終於理解到自己要麼停止成功的夢想，要麼就鼓起勇氣去冒一次險。黛比這樣講述自己的經歷：

「我決定進入烹飪行業。我對我的媽媽爸爸以及我的丈夫說，我準備去開一家食品店，因為他們總是告訴我說我的烹飪手藝有多麼了不起。

『噢，黛比，』大家一起勸道，『這是一個多麼荒唐的主意，你會失敗的，這太困難了，別胡思亂想。』你知道，他們一直這樣勸阻我，說實話，我幾乎相信他們說的。

但是更重要的是我不願意再倒退回去，再像以往那樣猶豫地說『如果真的出現……』」

她下定決心要開一家食品店，即便她丈夫始終反對，但最後還是給了她開食店的資金。店面開張的那一天，竟然沒有任何顧客光臨。黛比幾乎被冷酷的現實擊垮了。她冒了一次險，並且使自己身陷其中，看起來她是必敗無疑了，她甚至相信她的丈夫是對的，冒這麼大的險是一個錯誤。但是人就是這樣，在冒了第一個很大的險以後，再去面對風險就容易得多。黛比決定繼續走下去。

一反平時膽怯羞澀的窘態，黛比端著一盤剛烘製且熱騰

騰的食物在她居住的街區，請每一個路過的人品嚐。

　　有件事使她越來越自信：所有嚐過她做的食物的人都認為味道非常好，人們開始接受她做的食物。今天，「黛比・菲爾茨」的名字在美國數以百計的食品商店的貨架上出現。她的公司「菲爾茨太太原味食品公司」是食品行業最成功的連鎖企業。

　　其實我們沒有成功，就是因為我們一直停留在「敢想」的狀態中。而一直都沒有跟黛比一樣選擇去做，「敢做」比「敢想」、「會做」更重要。只要我們去做了，去冒險做了一次，以後就會更有勇氣去做，這樣我們就能做到「會做」，最後便能成功。

　　開創性的事業總是充滿風險，只有勇於冒險的人、敢做的人才能在風險面前毫不畏懼，才有可能取得常人所永遠無法取得的成就。「只要值得就去冒險就去做」這是美國富商亞曼德・漢默（Armand Hammer）的座右銘和生意經。也正因如此，他才得以在激烈競爭的商戰中立於不敗之地，最終成為美國的「石油巨人」。

　　西元一九五六年，五十八歲的漢默購買了西方石油公司（Occidental Petroleum），開始大做石油生意。石油是最能賺大錢的行業，也正因為最能賺錢，所以競爭尤為激烈。初涉石油領域的漢默要建立起自己的石油王國，無疑面臨著極大的競爭風險。

第五章　選擇需要擔當、勇氣與膽識

　　首先碰到的是油源問題，西元一九六〇年石油產量占美國總產量百分之三十八的德克薩斯州，已被幾家大石油公司壟斷，漢默無法插手；沙烏地阿拉伯是美國埃克森石油公司的天下，漢默難以染指；如何解決油源問題呢？一九六〇年，當花費了一千萬美元勘探基金而毫無結果時，漢默再一次冒險地接受了一位年輕的地質學家的建議：舊金山（San Francisco）以東一片被德士古石油公司放棄的地區，可能蘊藏著豐富的天然氣，他建議漢默的西方石油公司把它租下來。漢默又千方百計籌集了一大筆錢，投入了這一冒險的投資。當鑽到八百六十英尺深時，終於鑽出了加利福尼亞州的第二個天然氣田，估計價值在兩億美元以上。

　　風險和利潤的大小是成正比的，只要我們勇於承擔巨大的風險去做，就能帶來巨大的效益。與其不嘗試而失敗，不如嘗試了再說。不戰而敗如同運動員在競賽時棄權，是一種極端怯懦的行為。

　　一個成功的經營者，必須具備堅強的毅力以及「失敗也要試試看」的勇氣和膽略。當然，冒風險也並非鋌而走險，敢冒風險的勇氣和膽識是建立在對客觀現實科學分析的基礎之上的。順應客觀規律，加上主觀努力，力爭從風險中獲得效益，是成功者必備的心理素養。

　　與其絞盡腦汁幻想成功的樂趣，不如即刻行動去享受成功的歡愉。

鼓起勇氣推開「虛掩的門」

穿過成功之門，就意味著我們站在了人生的金字塔之巔。因此，追求成功成為我們的本能，我們為成功而來，也為成功而活。儘管漫長的人生路，迷霧濛濛；儘管坎坷的人生路，風雨連夜，成功的渴望始終像一盞明燈，照耀著我們追求的未來。然而，在現實生活中，終其一生，苦苦追尋，仍然只能遙望勝利曙光的殉道者大有人在；誤入歧途，越是努力卻越是脫離目標的悲情夢想者也不乏其人。渴望成功又覺得成功遙不可及，渴望自信又往往自怨自憐，渴望快樂又永遠品嘗不到勝利的果實。

為什麼我們沒能打開成功的大門，因為資質的欠缺，還是努力的不足？還是缺乏成功的契機？答案都是否定的，我們之所以失敗，是因為缺少推開那扇虛掩的門的勇氣和膽識。

有一個國王想委任一名官員一項重要的職務，就招集了許多武藝高強和聰明過人的官員，想試試他們之中誰能勝任。

「聰明的人們，」國王說，「我有個問題，我想看看你們誰能在這種情況下解決它。」國王帶領著這些人來到一座大門 —— 一座誰也沒見過的如此大的門前。

國王說：「你們看到的這座門是我國最大最重的門，你們

第五章　選擇需要擔當、勇氣與膽識

之中有誰能把它打開？」許多大臣見了這門都搖了搖頭，一些比較聰明一點的也只是走近看了看，沒去開門。當這些聰明人說打不開時，其他人也都隨聲附和。

只有一位大臣，他走到大門處，用眼睛和手仔細檢查了大門，用各種方法試著去打開它。最後，他抓住一條沉重的鏈子一拉，門竟然開了。其實大門並沒有完全關死，而是留了一條窄縫，任何人只要仔細觀察，都能把門打開。

國王說：「你將要在朝廷中擔任重要的職務，因為你不侷限於你所見到的或所聽到的，你還有勇氣靠自己的力量冒險去試一試。」

成功之門都是虛掩的，它總是留給那些有勇氣去壯大自己的人。我們都明白，不恐懼不等於有勇氣。儘管害怕，儘管痛苦，但勇氣還是能夠使你繼續向前走。在這個世界上，只要你真實地付出，就會發現許多門都是虛掩的，微小的勇氣，能夠完成無限的成就。勇氣無論對事還是對人，都是一種排山倒海的穿透力。

西元一九六八年，在墨西哥奧運會的百公尺賽道上，美國選手吉姆·海因斯（Jim Hines）撞線後，指示燈立刻指出九點九五的字樣，全場轟動，海因斯也攤開雙手自言自語說了一句話。這一情景透過電視向全世界轉播，可是由於當時他身邊沒有話筒，誰也不知道他到底說了句什麼話。

西元一九八四年，洛杉磯奧運會前夕，一個叫大衛·帕

爾的記者在重播墨西哥奧運會的記錄片時，再次看到海因斯的鏡頭，他想，這是人類第一次在百公尺賽道上突破十秒大關，海因斯在看到紀錄的那一瞬間，一定說了一句不同凡響的話。這一新聞點，竟被那上千名記者給漏掉，實在是一大遺憾。於是他決定去採訪海因斯，問他到底說了句什麼話。

當記者提起十六年前的事時，海因斯想了想笑著說：「我說，上帝啊！成功那扇門原來虛掩著！」謎底揭開後，海因斯又繼續說：「自傑西·歐文斯（Jesse Owens）西元一九三六年創下十點零三秒的百公尺賽紀錄後，醫學界的專家們斷言，人類的肌肉纖維所承載的運動極限不會超過每秒十公尺。大家都相信這一說法，但我想即使無法突破十秒，我也應該跑出十點零一秒的成績。於是，我每天都以自己最快的速度跑五十公里。當我在墨西哥奧運會上看到自己九點九五秒的紀錄後，我嚇傻了，原來十秒的這個門不是緊鎖著的，它虛掩著，就像終點那根橫著的繩子。」

海因斯道出了一個非常簡單又十分重要的道理：百公尺賽跑十秒的門是虛掩著的，這個世界上有無數的門都是虛掩著的，尤其是成功之門。

成功之門固然是虛掩的，但並非誰都能推開。要推開虛掩的成功之門，首先要有勇氣，要敢想敢做，敢冒風險，打破常規，拒絕一切猶豫和膽怯。許多成功之門之所以對我們緊閉著，其實並不是推不開，而是我們可能連想都沒想

過，更別說試一試。譬如，「落體的速度與落體的重量成正比」── 上千年來，人們都對古希臘亞里斯多德的這條定律深信不疑，可伽利略就敢提出懷疑，並進行了著名的比薩斜塔的實驗。於是，勇氣和膽識幫助他輕輕地推開了成功之門。反之，被困難嚇倒的人，不敢衝擊禁區的人，墨守成規的人，畏首畏尾的人，是永遠無法推開成功之門的。

要推開虛掩的成功之門，必須經過堅持不懈的努力。像海因斯，推開十秒的大門，只是一瞬間的事。可是為了這一瞬間的突破，他卻付出了極大的努力。他曾數年每天堅持以最快的速度跑五十公里，比別的運動員的運動量要大得多，所以門被他推開而不是別人，就不是偶然的。

在愛情路上，只要選擇真誠，你就會發現情人的心門是虛掩的；在經商路上，只要你選擇智慧，你就會發現財富的門是虛掩的；在人生路上，只要你鼓起勇氣，你就會發現成功的門是虛掩的。

瞄準了就拿出冒險的氣魄

相信每一個人說過或者聽人說過這樣的話：「我覺得這是個好機會，但風險太大，不敢輕易嘗試啊！」沒錯，機遇和風險是並存的，不敢冒險又怎麼能成功呢？美國有諺語「冒險裡面有天才、勇氣和魔法」、「勇氣喜歡跟利益聯姻」由

此可以看到美國人的冒險精神。美國人崇尚「風險越大收益的絕對值越大」的經濟學原理，在商業經營中喜歡透過冒險獲取利潤。沒有冒險，巨大的成功來得總是太慢，而利潤越高風險越大。大凡成功者都有某種程度的賭性，「不入虎穴，焉得虎子」是他們創造機會的最佳寫照。

美國管理大師約翰‧科特（John Kotter）說：「經營者的每一項決策，每一次行為都既蘊含著成功的希望，也都隱藏著失敗的可能。若是過分強調謹慎，那麼，在市場上就會寸步難行。」美國人是天生的冒險家，他們憑著過人的膽識，抱著樂觀從容的風險意識，在危險中自由地暢行，抓住機遇獲得巨大的成功。

冒險和成功常常是相伴在一起的。冒險的價值不僅僅是它可以掌握機會，更重要的是這樣的行動本身同樣可以創造出機會。

美國紐約曼哈頓區的華爾街是世界著名的金融中心，世界最富有的街道和投機者嚮往的樂園。在華爾街的發展史中曾湧現出無數的風雲人物，海蒂‧格林夫人（Hetty Green）就是其中一位赫赫有名的女性，她被譽為「華爾街上的女巫」。

格林夫人是個精明能幹的女性，在麻薩諸塞州（Massa-chusetts）繼承了約六百萬美元的財產。她不想坐吃山空，更不願過一般貴夫人養尊處優的生活，希望成就一番轟轟烈

烈的事業。於是她雄心勃勃地隻身來到紐約，穿梭於股票交易所經紀人的辦公室，開始了緊張的活動。

　　格林夫人衣著樸素，生活節儉，手提包裡常常帶著充飢的雜糧餅乾，當然也有各種零零碎碎的紙片，顯得著實可笑。然而，正是這個看來似乎古怪的行為背後，格林夫人總是暗暗地進行著百萬美元的大宗買賣，表現出足以與那些競爭者相抗衡的智慧和精力，也使許多其他的股票商望而生畏，甚至破產。

　　格林夫人在華爾街經過了幾十年的辛苦奮鬥，經歷了一般人難以忍受的打擊和冒險，終於取得了成功。在她西元一九一六年去世時，財產從六百萬美元變成了一億美元，成了美國最富有的女性之一。

　　在風險面前膽怯的人，不敢去做前人未做過的事，當然也不會體驗到冒險的刺激與成功的喜悅。結果是永遠也不會有什麼作為，甚至被時代所拋棄。商業經營上的成功常常屬於那些勇於抓住時機、勇於冒險的人。

　　唐納‧川普（Donald Trump）多年來一直關注著哈德遜河（Hudson River）邊的一個荒廢了的龐大鐵路廣場。每次他經過這裡時，都會設想能在那裡建什麼。但是，在該城處於財政危機時，沒有誰還有心思考慮開發這大約一百英畝的龐大地產，那時候，人們認為西岸河濱是個危險去處。儘

管如此，川普認為，要全面改觀並非太難，人們發現它的價
值只是時間遲早的問題而已。

西元一九七三年，川普在報紙上的破產廣告一欄中，偶
然看到一則啟事：說一個叫維克多的人負責出售廢棄廣場的
資產，他於是打電話給維克多，說他想買六十號街的廣場。
廣場的事雖然最終未落實，但維克多提供了另一個資訊：康
莫多爾大飯店由於管理不善，已經破敗不堪，虧損多年。而
川普卻發現，成千上萬的人每天上下班的時候，都要從飯店
旁邊的地鐵站上上下下，這絕對是個一流的好位置。

川普把買飯店的事告訴了父親。父親聽說兒子在城中買
下了那家破飯店，非常吃驚，因為許多精明的房地產商都
認為那是筆賠本的買賣。川普當然也知道這一點，不過他
「耍」了一些高明的手段，他一方面讓賣主相信他一定會買，
卻又遲遲不付定金。他盡量拖延時間，因為他要說服一個有
經驗的飯店經營人一起去貸款，他還要爭取市政官員破例替
他減免全部稅費。

一切妥當後，川普終於買下了康莫多爾飯店，他重新做
了裝修，並把飯店重新命名為海特大飯店。新裝修後的飯店
富麗堂皇，樓面是用華麗的褐色大理石鋪的，用漂亮的黃銅
做柱子和欄杆，樓頂建了一個玻璃宮餐廳。它的門廊很有特
色，成了人人都想參觀的地方。

第五章　選擇需要擔當、勇氣與膽識

　　海特大飯店於西元一九八〇年九月開張，開張後顧客盈門，大獲其利，總利潤一年超過三千萬美元，此時的川普擁有飯店百分之五十的股權。

　　玫瑰在散發馨香的同時也生有尖刺；財富以誘人的面目出現時也伴有風險。不冒險當然不會有很大損失，但是也沒有很大的收益，是否甘願冒險去掘取利潤取決於當事者的風險預期和對機會成本的選擇優化。有人在風險面前駐足觀望，有人卻咬緊牙關迎頭趕上；趕上者風光無限，觀望者涎水三尺。勇氣和膽識不同，結果也就不同。

　　因為美國人富有冒險的精神，所以人們常說世界的錢都裝在美國人的口袋裡，但美國人的錢卻裝在猶太人的口袋裡。商場如戰場，風險是必然的。無風險的事只能做得平平淡淡，沒有大的起色。「一旦看準，就要大膽行動」，這是如今商界許多成功人士的經驗之談。冒險和出奇相連，出奇和制勝相伴，所以西方的諺語說：「幸運喜歡光臨勇敢的人。」冒險是表現在人身上的一種勇氣和魄力，險中有夷，危中有利，倘要創立驚人的戰績，就應勇於冒險。不冒險，怎麼會有機會？

　　丹麥著名哲學家索倫·奧貝·齊克果（Søren Aabye Kierkegaard）說過：「冒險就要擔憂發愁，但是，不冒險就會失落自己。」穩紮穩打，步步為營固然不錯，但是求穩也不

能失進取，事實證明，在做事過程中，特別是在開拓創新的創業過程中，冒一些險是值得的。

只有不畏艱險的人，才能享受冒險的樂趣；只有懂得冒險的人，命運才得以改變。時機「冒」出來了，就要勇於「險」著做一次。

冒險時對風險要有所警惕

或許很多人也曾說過，「其實我也不想穩紮穩打，平平淡淡、安分守己地過著現在的生活。我也想去冒一些風浪，讓自己的人生更多姿多彩，但我的性格在作祟，始終拿不出冒險的氣魄來。」的確，每個人都渴望成功，但不是每個人都勇於去冒險。那麼，我們應該怎樣才能培養自己勇於冒險的氣魄呢？

* **積極嘗試新事物**：在生活中，由於無聊、重複、單調而產生的寂寞會逐漸腐蝕人的心靈。相反，消除那些單調的常規因素可使人避免精神崩潰。積極嘗試新事物，能使一蹶不振、灰心失望的人重新恢復生活的勇氣，重新掌握住生活的主動權。

* **嘗試做一些自己不喜歡做的事**：屈從他人意願和一些刻板的清規戒律，已成為缺乏自信者的習慣，以至於他們誤以為自己生來就喜歡某些東西，而不喜歡另一些東

西。應該理解，之所以每天都在重複同樣的狀況，是由於懦弱和沒有主見才養成的惡習。如果我們嘗試做一些自己原來不喜歡做的事，就會體驗到一種全新的樂趣，從壞習慣中慢慢擺脫出來。

＊ **不要總是訂計畫**：缺乏自信的人也就缺乏安全感，凡事希望穩妥保險。然而人的一生是根本無法定出所謂清晰計畫的，因為有許多偶然的因素在發生作用。有條有理並不能給人帶來幸福，生活的火花往往是在偶然的機遇和奇特的感覺中迸發出來，只有欣賞並努力捕捉這些轉瞬即逝的火花，生活才會變得生氣勃勃，富有活力。

冒險應該算是人類生活的基本內容之一。沒有冒險精神，就體會不到冒險本身對生活的意義，就享受不到成功的樂趣，也就無法培養和提高人的自信心。自信在本質上是成功的累積。因此，瞻前顧後、驚慌失措、力圖避免冒險無疑會使我們的自信喪失殆盡，更不用指望幸福快樂會慷慨降臨了。但是當我們冒險時，也應該對風險有所警惕。

對風險要有所警惕，是指我們「在戰略上要藐視它，而在戰術上要重視它」。

美國佛羅里達州的約翰·莫特利（John Lothrop Motley）是一個為了實現自己的夢想而甘冒風險，卻又是一個很有風險意識的人。他在一個條件優越而又忙碌的會計職位上

工作了十餘年，但是他卻準備辭去這份無憂無慮的工作而去
圓自己創業的夢想。

　　他的妻子、所有的朋友，甚至他的老闆和同事都認為這
樣做簡直就是瘋了。但是經過仔細認真地計畫後，他對自己
要面對的風險充滿信心。最後，他毅然地辭去了會計工作，
選擇了自己的事業 —— 專門生產銷售風味小吃。

　　莫特勒對風險有足夠的準備，因為他事先做了細緻的考
察規畫。在他開始自己事業的冒險以前，他就已經把所有的
空閒時間都用在了廚房裡，研究食譜，品嘗、調製各種不同
口味的小吃。他周全詳實的計畫、堅忍不拔的毅力和耐心、
努力終於獲得了回報。

　　從採取行動到實現自己的夢想僅僅三年，約翰・莫特利
成為百萬富翁。他的銷售風味小吃一事成為整個美國家喻戶
曉的美談。常然，再也沒有人說他的行為是「瘋了」。

　　當我們面對具有風險的選擇時，應該像莫特勒表現出來
的那樣充滿自信。恰當的計畫能夠讓我們對大多數風險的挑
戰有所準備。有的時候，一些重大風險的出現是沒有任何預
兆的。而另一些時候，我們又可能有充裕的時間去考慮值不
值得為某件事情去冒風險。

　　但無論風險是不期而遇的還是有所預示的，在我們準備
為一些重大事宜做出決定以前，都必須假定風險一定會發
生，不能對風險發生的可能抱僥倖心理。風險無論發生得早

晚，要達到自己的目標，就不得不始終對它保持警惕，對自己保持堅定的信念。

聰明的冒險是人類謹慎中最值得讚譽的一部分，因為它帶來的是一種耀眼的成功。

不做餓死的小毛驢

沒有誰願意一輩子庸庸碌碌；沒有誰不想出類拔萃、鶴立雞群。但是成功者畢竟是少數。我們常常在平庸的生活圈裡反問自己：「為什麼我就不能是個成功者呢？」反問間思緒飄飛，商機湧動。但是我們卻只能在幻想裡去守望成功，缺少一種做出成功抉擇的氣魄。

威廉・沃特（William Wirt）曾這樣說過：「如果一個人永遠徘徊在兩件事之間，並對自己先做哪一件猶豫不決，那他將會一事無成。如果一個人原本做了決定，但在聽到自己朋友的反對意見時舉棋不定，那麼，這樣的人肯定是個性軟弱、沒有主見的人。」或許沒有誰不曾感慨過選擇，歎息過選擇，因為在選擇時，我們需要深思熟慮，但是卻又不能舉棋不定，這時我們便可悲得像布里丹的毛驢，餓死在兩堆草之間。

法國哲學家讓・布里丹（Jean Buridan）養了一頭小毛驢，每天向附近的農民買一堆草料來餵。

這天，送草的農民出於對哲學家的景仰，額外多送了一堆草料，放在旁邊。這下子，毛驢站在兩堆數量、品質和與牠的距離完全相等的乾草之間，可是牠開始煩惱。牠雖然享有選擇的自由，但由於兩堆乾草完全相同，客觀上無法分辨其優劣，於是毛驢左看右看，始終也無法決定究竟選擇哪一堆好。

於是，這頭可憐的毛驢就這樣站在原地，一下子考慮數量，一下子考慮品質，一下子分析顏色，一下子分析新鮮度，猶豫不決，來來回回，在無所適從中活活地餓死了。

雖然這則寓言有所誇張，但我們的生活也常上演著這樣的悲劇：

在二戰的一場戰役中，有兩兄弟被敵軍俘虜，父親願意以自己的生命和一筆贖金贖回被俘虜的兩個兒子。但是他被告知，只能以這種方式救回一個兒子，他必須選擇救哪一個。這個慈愛而飽受折磨的父親，在這個緊要關頭無法決定救哪一個孩子。這樣，他一直處於兩難選擇的巨大痛苦中，結果他的兩個兒子都被敵軍處決了。

無論對於誰，在這種情形下都很難做出選擇，因為我們不可能用拋擲銅錢的方式來決定哪個孩子應該活下去，哪個孩子應該被處死。對於這樣的選擇難道我們真的沒有辦法了嗎？當我們置身於這樣的選擇時，不妨看看這個故事：

有個農民的妻子和孩子同時被洪水沖走，農民從洪水中救起了妻子，不幸孩子被淹死了。對此，人們議論紛紛，莫衷一是。有的說農民先救妻子做得對，因為妻子不能死而復生，孩子卻可以再生一個；有的卻說農民做得不對，應該先救孩子，因為孩子死了無法復活，妻子卻可以再娶一個。

一位記者聽了這個故事，也感到疑惑不解，便去問農民，希望能找到一個滿意的答案。想不到農民告訴他：「我當時什麼也沒想，洪水襲來時妻子就在身邊，便先抓起妻子往邊上游，等返回再救孩子時，想不到孩子已被洪水沖走了。」

沒有十全十美的選擇，更不會有十全十美的人生，「布丹利毛驢效應」是人生的大忌，當我們面對選擇的兩難時，我們應該抓住最容易抓到的，像那位農民一樣，只有這樣才不至於到最後在後悔裡兩手空空。

生活中，我們也常站在天平的兩端，喊著「站在天平的兩端，一樣的為難，唯一的答案——選擇好難」的時候，應該學會該怎樣去選擇：

■ 採用穩健的決策方式

有一個流傳很廣的笑話說：齊國有個女孩，有兩個人同時來向她求婚。東家的兒子很醜，但是家財萬貫，西家的兒子相貌英俊，但是很窮。那女孩的父母不能決定選誰，就去問他們的女兒想嫁給哪個。女孩不好意思說話，母親就說，

你想嫁哪個就露出哪邊的手臂。結果女孩露出兩個手臂。母親奇怪地問她原因,女孩說:「我想在東家吃飯,西家住。」

「在東家吃飯、在西家住」,看上去是個笑話,但卻不失為一種穩健的決策取向。在很多情況下,當一種趨勢出現時,有些人一頭陷入哪個好哪個壞的爭論之中,事實上沒有這個必要,只要沒有明確的必須要兩者擇一,就不必太早決策。

■ 要養成獨立思考的習慣

不能獨立思考,總是人云亦云,缺乏主見的人,是不可能做出正確決策的。如果不能有效運用自己獨立思考的能力,隨時隨地因為別人的觀點而否定自己的計畫,將會使自己的決策很容易出現失誤。

從前,有一對兄弟看見天空中一隻大雁在飛,哥哥準備把牠射下來,說:「等我們射下來就煮來吃,一定會很香的!」這時,弟弟抓住他的手臂爭執起來:「鵝煮了才會好吃,大雁要烤著才好吃,你真不懂吃。」哥哥已經把弓舉起來,聽到這裡又把弓放下,兩人為怎麼吃這隻大雁而猶豫起來。就在這時,有一位老農夫從旁邊經過,於是他們就向老農夫請教。老農夫聽了以後笑了笑說:「你們把雁分開,煮一半烤一半,自己吃吃看不就知道哪一種方法更好吃了?」

哥哥大喜,拿起弓箭再要射大雁時,大雁早已無影無蹤了,連一根雁毛都沒有留下。

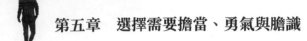

■　嚴格執行一種決策紀律

　　一個越國人為了捕鼠，特地弄回一隻善於捕老鼠的貓。這隻貓善於捕鼠，也喜歡吃雞，結果越國人家中的老鼠被補光了，但雞也所剩無幾。他的兒子想把吃雞的貓弄走，這個越國人卻說：「禍害我們家中的是老鼠不是雞，老鼠偷我們的食物，咬壞我們的衣物，挖穿我們的牆壁，損害我們的傢俱，不除掉牠們我們必將挨餓受凍，所以必須除掉牠們！沒有雞大不了不吃罷了，至少可免於挨餓受凍！」

　　利與弊往往是事情的一體兩面，很難分割。有的人明明事先已經編制了能有效抵禦風險的決策紀律，但是一旦現實中的風險牽涉到自己的切身利益時，往往就不容易下決心執行了。

■　不要總是試圖獲取最大利益

　　過高的目標不僅沒有發揮到指示方向的作用，反而由於目標定得過高，給人帶來一定的心理壓力，束縛決策水準的正常發揮。事實上多數環境中，如果沒有良好的決策水準做支撐，一味地追求最大利益，勢必將處處碰壁。

　　很多人不了解「盡快停損」的重要性，當情況開始惡化時，依然緊抱著縹緲的幻想，無法客觀分析狀況，以賭徒的心態，盲目堅守以致持續深陷，直至無法挽回的地步。

　　有個人布置了一個捉火雞的陷阱，他在一個大箱子的裡面和外面撒了玉米，大箱子有一道門，門上繫了一根繩子，

他抓著繩子的另一端躲在旁邊，只要等到火雞進入箱子，他就拉扯繩子，把門關上。有一次，十二隻火雞進入箱子裡，不巧一隻溜了出來，他想等箱子裡有十二隻火雞後，就關上門，然而就在他等第十二隻火雞的時候，又有兩隻火雞跑出來了，他想等箱子裡再有十一隻火雞，就拉繩子，可是在他等待的時候，又有三隻火雞溜出來了，最後，箱子裡一隻火雞也不剩。

■ 在不利環境中不能逆勢而動

當不利環境造成損失時，很多人急於彌補損失。但是，環境的變化是不以人的意志為轉移的。當環境變壞、機會稀少的時候，如果強行採取冒險和激進的決策，或頻繁的增加操作次數，只會白白增加投資失誤的概率。

美國奇異公司總裁傑克‧威爾許（Jack Welch）把決策能力看成是「面對困難處境勇於做出果斷決定的能力」，看成是「始終如一執行的能力」。因此，決策具有複合性，是一種合力，我們必須從自己的洞察力、分析能力、直覺能力、創新能力、行動能力和意志力等方面進行不斷地訓練。在不斷的失敗與成功之間，我們才能夠不斷地擺脫猶豫不決，進行相對理性的選擇，才不會成為布丹利的驢子！

把眼前的機會抓住了，把手頭的事情辦好了，就意味著勝利，意味著成功。與其在那裡好高騖遠地設計、絞盡腦汁

地編織出一個又一個方案，不如面對現實，抓住機會，竭盡全力，把眼前最重要的事情辦好。

　　世上沒有一個偉大的業績是由事事都求穩操勝券的猶豫不決者創造的。完美都是從不太完美的選擇中進化而來的。

處變不驚，淡定選擇

　　「每臨大事有靜氣，不信今時無古賢」告訴我們，自古以來的賢聖之人，也都是大氣之人。越是遇到驚天動地的事，越能心靜如水，沉著應對。在緊急的關口，許多人出於本能，都會做出驚慌失措的反應。然而仔細想來，驚慌失措非但於事無補，反而會增加許多混亂。

　　靜氣，是一種大器，一種勇敢，一種擔當。諸葛亮給他兒子的信中說：「夫君子之行，靜以修身，儉以養德，非淡泊無以明志，非寧靜無以致遠。夫學須靜也，才須學也。非學無以廣才，非志無以成學。」諸葛亮一生的體會，今天讀來，還是令人深省。在緊急時刻，臨危不亂、處變不驚，以高度的鎮定，冷靜地分析形勢，這才是明智之舉。

　　唐代憲宗時期，有個中書令叫裴度。有一天，手下人慌慌張張地跑來向他報告說他的大印不見了。為官的丟了大印，真是一件非同小可的事。可是裴度聽了報告之後一點也不驚慌，只是點頭表示知道了。然後，他告誡左右的人千萬不要張揚這件事。

左右之人看裴中書並不是他們想像的一般驚慌失措，都感到疑惑不解，猜不出裴度心中是怎樣想的。而更使周圍的人吃驚的是，裴度就像完全忘掉了丟印的事，竟然當晚在府中大宴賓客，和眾人飲酒取樂，十分逍遙自在。

就在大家酒至半酣時，有人發現大印又被放回原處了。手下又迫不及待地向裴度報告這一喜訊。裴度依然滿不在乎，好像根本沒有發生過丟印之事一般。那天晚上，宴飲十分暢快，直到盡興方才罷宴，然後各自安然歇息。

而他的手下始終不能揣測裴中書為什麼能如此成竹在胸，過了很久，裴度才向大家提到丟印當時的處置情況。他告訴左右的人說：「丟印的緣由想必是管印的官吏私自拿去用，恰巧又被你們發現了，這時如果嚷嚷開來，偷印的人擔心出事，驚慌之中必定會想毀滅證據。如果他真的把印偷偷毀了，印又從何而找呢？而如今我們處之以緩，不表露驚慌，這樣也不會讓偷印者感到驚慌，他就會在用過之後悄悄放回原處，而大印也會失而復得，不會發生什麼意外了，所以我就如此做了。」

遇到突發事件時，每個人都難免產生一種驚慌的情緒。所以我們需要修一種靜氣，靜氣首先來自膽識和勇氣。膽識和果斷是連繫在一起的，遇事猶豫不決、顧慮重重、患得患失，甚至被敵人的氣勢嚇倒，談不上膽識。只有敢擔責任，當機立斷者，才能化解危難。

第五章　選擇需要擔當、勇氣與膽識

　　楚漢相爭的時候，有一次劉邦和項羽在兩軍陣前對話，劉邦歷數項羽的罪過。項羽大怒，命令暗中潛伏的幾千弓弩手一齊向劉邦放箭，一支箭正好射中劉邦的胸口，傷勢嚴重，痛得他伏下身。主將受傷，群龍無首。若楚軍乘人心浮發起進攻，漢軍必然全軍潰敗。猛然間，劉邦突然鎮靜起來，他巧施妙計：在馬上用手按住自己的腳，大聲喊道：「碰巧被你們射中了，幸好傷在腳趾，沒有重傷。」軍士們聽了，頓時穩定下來，終於抵住了楚軍的進攻。

　　這就是一種膽識和勇氣醞釀出來的靜氣。「靜而後能安，安而後能慮，慮而後能得」。靜、安、慮、得四個字，靜是關鍵。但我們往往最難做到的就是靜，我們總是如此浮躁，因為我們有太多的渴望，我們渴望成功，我們渴望愛，我們渴望享受一切榮華，而往往我們奔波得身心俱疲仍不知所去所虧。

　　有一個小國的君主，總是受到外族的侵擾，他勵精圖治不眠不休，想盡了一切辦法抵抗外族，但國家依舊日漸衰弱。於是他不辭辛苦，連夜到寺院探訪一位大師。這位老僧聽完他的敘述後不發一言，在夜色之中把他帶到一條河邊，架起了一堆柴火，然後便讓他對著熊熊火焰靜坐冥思。

　　天亮時，燃燒了一晚的火堆終於漸漸熄滅了，老僧指著灰燼，又指了指旁邊的河水對他說：「你明白了嗎？」這位君主一臉困惑。

老僧言：「這大火昨晚火光沖天，勢不可擋，但如今灰飛煙滅，而旁邊這條河，默然無語，靜水深流，你再看看它的所到之處。」

君主轉頭遠望……至此他似乎有所領悟。

領悟到什麼？應該是悟到了沉靜的力量之偉大！

沉靜，是一種力量。比如打乒乓球、踢足球，志在必得時，在迅猛的出擊前往往是氣定神閒，不會緊張，而後才有讓對手猝不及防的打擊。

「心裡頭空空的」正是最幸福的境界。我們全身心地幸福地愛一個人時，是不是也是心裡頭空空的，我們投入地做著自己喜歡做的事情時，是不是也是心裡頭空空的，甚至在我們看著自己愛看的書或是電視時，是不是也是心裡頭空空的。我們總是在追求永恆，乞求時間靜止，心裡頭空空時，是不是就沒有了時間，是不是就是永恆？

其實這就是佛法的空，只有我們的心空了，才能裝下更多的東西，只有我們的心靜了，才能想出更好的解決方法。遭遇大事時，選擇空靜，理清事情的頭緒，我們才不至於毛毛躁躁，從而理智地脫離困境。

「他說風雨中，這點痛算什麼，擦乾淚不要問為什麼……」只有在大風大浪中，鎮定、處變不驚，靜心應對的水手才是真正優秀的水手。

假如厄運選擇了你

　　如果讓你給「人生」潤色，你該怎麼去形容呢？美好的，繽紛的，百味的……無論我們選擇什麼去形容，都無法將人生形容得最好。但如果我們選擇了美好的人生，就將人生的美麗展現出來，那樣人生就會變得更美好。

　　美好的人生，常常會有許多的風雨、坎坷、挫折。有時候我們無法選擇，因為它們本來就是美好人生的一部分。這時，我們就應該選擇去承擔，去肩負起風雨，這樣我們才能用七色的彩虹點綴人生的美麗。

　　在喬治的記憶中，父親一直都是瘸著一條腿走路的，他的一切都平淡無奇。所以，喬治總是想，母親怎麼會和這樣的一個人結婚呢？他總覺得父親的那條瘸腿，帶給自己的是恥辱。

　　一次，A市舉辦中學生籃球賽。喬治是隊裡的主力，他找到母親說出了自己的心願：希望母親能陪他一起去，因為在賽場上，只要看到母親的目光，他就能發揮出最高的水準。母親笑了，說：「那當然。你就算不說，我和你父親也會去的。」他聽罷搖了搖頭，說：「我不是說父親，我只希望你去。」母親很驚訝，問他為什麼。他勉強地笑了笑，說：「我總認為，一個身心障礙者站在場邊，會使得整個氣氛被破壞。」母親嘆了一口氣，說：「你是嫌棄你的父親嗎？」父親這時正好走過來，說：「這些天我必須出差，有什麼事，

你們商量好去做就行了。」喬治鬆了口氣，說：「爸爸，祝你一路平安！」父親慈愛地撫摸著他的頭，說：「我祝你能獲得好的成績！」

比賽很快就結束了，喬治所在的隊得了冠軍，喬治為此立下了汗馬功勞。在回家的路上，喬治興奮地說個不停。母親也很高興，說：「要是你父親知道了這個消息，他一定會放聲高歌的。」喬治沉下了臉，說：「媽媽，我們現在不要提他好不好？」母親受不了他的口氣，尖叫起來，說：「你必須要告訴我這是為什麼！」喬治滿不在乎地笑了笑，說：「不為什麼，就是不想在這時提到他。」母親的臉色凝重起來，說：「孩子，這些話我本來不想說，可是，我再隱瞞下去，很可能就會傷害到你的父親。你知道你父親的腿是怎麼瘸的嗎？」喬治搖了搖頭，說：「我不知道。」母親說：「那一年你才兩歲，父親帶你去公園玩，在回家的路上，你東奔西跑。忽然，一輛汽車疾馳而來，你父親為了救你，左腿被碾在了輪下。」喬治頓時呆住了，說：「這怎麼可能呢？」母親說：「這怎麼不可能！不過這些年你父親不讓我告訴你罷了。」

兩人慢慢地走著。母親說：「有件事可能你還不知道，你父親就是布萊特，你最喜歡的作家。」喬治驚訝地跳了起來說：「你說什麼？我不信！」母親說：「這個其實你父親也不讓我告訴你。你不信可以去問你的老師。」喬治把運動服塞

在母親的懷裡說：「你等我。」就急急地向學校跑去了。

老師面對他的疑問，笑了笑，說：「這都是真的，你父親不讓我們透露這些，是怕影響你的成長。但現在你既然知道了，那我就不妨告訴你，你父親是一個偉大的人。」

喬治激動得難以控制自己，迅速地跑回家中，父親卻不在。兩天以後父親回來，一進門，喬治就迫不及待地說：「爸爸，我問你一件事。」父親放下手提包，說：「是不是又遇到了什麼困難？」他搖了搖頭，說：「爸爸，我只是想問你一句話。」父親笑了，說：「別說一句，就是一百句也沒問題。」喬治說：「你就是大名鼎鼎的布萊特嗎？」父親愣了一下，然後就笑了，說：「孩子，你怎麼想問這個問題？」喬治制止他問下去，說：「你得先回答我。」父親點了點頭說：「我就是寫小說的布萊特。」喬治拿出一本書來，說：「你先幫我簽個名吧！」父親看了他片刻，然後拿起筆來，在扉頁寫道：「贈喬治，接受其實比什麼都重要。布萊特。」然後放下筆，說：「我其實比簽名更重要。」然後笑了起來。

多年以後，喬治成為一名出色的記者。當有人讓他介紹自己的成功之路時，他就會重複父親的那句話：接受其實比什麼都重要。

每一次選擇都需要修飾才會變得完美。但是我們卻常常因為各式各樣的困難而選擇退縮，所以我們無法將選擇修飾

得更完美。像喬治一樣，或許他無法接受父親的瘸腳，但父親的瘸卻是一種父愛的美，這種美是需要去承擔，去接受，我們才能去感受的。

　　每一個追求完美的人，都需要去接受殘缺；每一個懂得美的人，都曾經感受過承擔的痛。

第五章　選擇需要擔當、勇氣與膽識

第六章　選對事業成就一生

第六章　選對事業成就一生

　　《選對行業賺大錢》一書中曾提出十一條建議，我們不妨參考如下：

1. **選擇趨勢性的行業**：什麼是趨勢性？就是在未來會有越來越多的人對這個有需求，而且目前從事這個行業的人不多。比如，可口可樂很受歡迎，但目前已有很多人在喝，所以不是趨勢性的行業。
2. **產品的需求量一定要大**：例如，勞斯萊斯汽車需求量不大。
3. **市場夠大**：市場要不受限制，最好是全國或全球。
4. **競爭對手要越少越好**：一個蛋糕五十人吃，還是你一人隨便吃比較好？
5. **產品或行業很難被複製**：別人也很容易做，競爭對手就會變多了。
6. **代理好的產品、有實力的公司**：顧客滿意度、信任度高，更容易賺錢。
7. **投資金額越少越好**：最好風險小，還能賺大錢。投資房地產賺錢，但是風險大。
8. **要有一個成功的模式**：有人教你怎麼做，不用摸索，減少失敗機會，增加成功比例。
9. **有不錯的利潤空間**：純利潤超過 20% 就是好行業了。
10. **不需要做很多行政、管理工作**：世界上只有一個動作是賺錢，就是銷售，管理多表示銷售時間少，賺錢少。

11. **不需要太多的售後服務**：最大的好處是：省時間，讓你有更多的時間來銷售賺錢。

在看完書中的十一條建議後，我們在選擇職業或創業時，也不妨從中學習，如此就可以大膽地放開手去做。

某位著名商人曾精闢地為我們總結行業的選擇之道：一個事物，當有百分之五的人知道的時候，你就趕快去做；當有百分之五十的人知道的時候，做個消費者就行了；而當有超過百分之五十的人知道的時候，那麼你就看都不用去看了。

三百六十行選哪一行

俗語說：「三百六十行，行行出狀元。」因為行業的分化、細化，或許我們所面臨的行業已經是三千六百行了，在眾多的行業中，我們該選擇哪一行呢？我們又該如何去選擇呢？

小夏是某知名大學的畢業生，大學學國際貿易。畢業不久，就幸運地被一家大型的外資公司錄取為行銷助理，工作單純就是翻譯，其他什麼都不用做。當時的小夏認為和其他的同學比，已經很厲害了。隨著時間的飛逝，一轉眼兩年過去了，他發現自己還是和大學畢業沒有兩樣，開始想著是不是當初選錯工作了。聽一些大學的同學說，行銷很有挑戰，此外，小夏還發現同學們的薪資都比自己高。

第六章　選對事業成就一生

　　於是小夏放棄了翻譯的工作，加入了行銷專案中。工作不到半年，小夏就心有餘而力不足，他放棄了工作，在家待了一年。在這一年中他不是幫小學生補習，就是幫報社翻譯資料，什麼工作都做。

　　回頭看自己的同學，那些當年比自己差的都有了不錯的發展，有的甚至當了部門經理。但自己這三年半期間幾乎沒有成長。

　　從小夏的經歷我們可以發現，小夏對自己的職業選擇以及人生規畫缺乏理性的思考。他沒有認真給自己的職業定位，也沒有對職業進行規劃，導致一次又一次的失敗，最後還是一事無成。每個人的最佳職業發展期都只有短短幾年，我們怎樣才能在短短的幾年裡，為自己的職業定位，選擇一份適合自己的工作呢？

　　「天生我才必有用」，每個人都有自己的獨特的之處。就是因為那麼一點點獨特，只要我們把它放大為自己的優點後，我們就可以變得獨樹一幟。當我們發現了自己的優點，再去選擇人生的路，就會更有勇氣、更有信心去為之奮鬥。

　　一個窮困潦倒的年輕人流浪到巴黎，期望父親的朋友能幫自己找一份工作。

　　「精通數學嗎？」那人問。

　　年輕人羞澀地搖頭。

　　「歷史地理怎麼樣？」

年輕人不好意思地搖頭。

「那法律呢？」

父親的朋友連連問話，年輕人只能搖頭。

「那你先把住址寫下來吧！我總得幫你找份工作呀！」

年輕人慚愧地寫下了自己的住址，急忙轉身要走卻被父親的朋友拉住：「年輕人，你的名字寫得很漂亮嘛，這就是你的優點啊！」

「把名字寫好也是一個優點？」 年輕人在對方眼裡看到了肯定的答案。「能把名字寫好，就能把字寫得叫人稱讚，就能把文章寫好！」受到鼓勵的年輕人，一點點地放大自己的優點，興奮的腳步都輕鬆起來了。

數年後，年輕人果然寫出了享譽世界的經典作品《基度山恩仇記》（*The Count of Monte Cristo*）。他就是家喻戶曉的法國著名作家大仲馬（Alcxandre Dumas）。

如果我們不知道自己的優點是什麼，盲目地選擇工作，就容易誤入歧途，走很多不必要的彎路。歌德一開始也未能發現自己的長處，建立了當畫家的錯誤志向，害得他浪費了十多年的光陰，為此他曾經悔恨不已。

人生就像一個金礦，只要我們努力發掘它的閃光點，再一點點擴大，就會發現被自己忽視的財富。

一位百貨公司的老闆問他的一個新銷售人員：「你今天服務了幾個客戶？」

第六章　選對事業成就一生

「一個。」銷售人員回答。

「只有一個那你的營業額呢？」

售貨員回答：「五萬美元。」

老闆大吃一驚請他解釋。「首先我賣給他一個漁鉤，然後賣給他漁竿和漁線。接著我問他在哪裡釣魚，他說在海濱，於是我建議他應該有一艘小艇，他買了二十英尺長的快艇，當他說無法帶走時，我介紹他了一輛福特小卡車。」

「你賣了那麼多東西給一個只想買漁鉤的顧客？」

「不，他只是為了治他妻子的頭痛，跑來買一瓶阿斯匹靈，我告訴他，妻子的頭痛，除服藥外，似乎更應該注意放鬆，週末快到了你可以考慮去釣魚。」

我們在驚嘆這位銷售人員業績的同時，應該問問，為什麼他能透過一瓶阿斯匹靈而賣出五萬美元的東西呢？這是因為他充分地發揮了自己的能力地。

美國女影星荷莉·杭特（Holly Hunter）一度竭力避免被定位為短小精悍的女人，結果走了一段冤枉路。後來幸虧有經紀人的引導，她重新根據自己身材嬌小、個性鮮明、演技極富彈性的特點進行了正確的定位，出演《鋼琴師和她的情人》（*The Piano*）等影片，一舉奪得坎城電影節的「金棕櫚」獎和奧斯卡獎。

艾薩克·艾西莫夫（Isaac Asimov）一直渴望成為一名科學家，卻屢遭坎坷。有一天，他打字時，突然意識到：「我不

能成為第一流的科學家，但能夠成為第一流的科普作家啊！」
於是，他勤奮創作，終於成為當代世界最著名的科普作家。

　　很多失敗者常常抱怨自己的命運不好，事事勤奮卻總是
與成功失之交臂，其實失敗的原因在於我們沒有放大自己的
優點，找到自己的位置。那麼我們該如何去發現自己的優勢
呢？如果我們在做事的時候，出現了類似下面的幾種心理
時，不妨去挖掘一下自己的優點，找到自己得心應手的事。

＊ 當你看到別人做某件事情時，你心裡有一種癢癢的感
　　覺，「我也想做這件事情」。

＊ 當你完成某件事情時，你心理會有一種愉悅的欣慰感，
　　「我還可以把這件事情做得更好」。

＊ 你在做某件事情時，幾乎是自發地、毛遂自薦地就能將
　　其拿下。

＊ 你在做某件事情時，不是一步步完成，而是向行雲流水
　　般地一氣呵成。

＊ 要對自已有一個全面認識，學會剖析自己。

＊ 多接觸朋友、同事，讓他們幫助你，找到自己的優勢。

＊ 學會思考，用智慧來發揮自己的亮點，用亮點來制定自
　　己事業的發展目標。

＊ 一有機會，就要盡量去展現自己，要無拘無束、無所顧
　　忌。

每個人都有自己的寶藏，我們要盡力找到自己的最佳位置，釋放出最強的能量。選擇前，找到自己的優點，再努力地將其放大，成功就很近了。

選擇什麼樣的公司

　　時下，我們身邊不乏埋怨工作難找的人，到底是工作難找還是我們不懂怎麼去找一份工作呢？如果你現在還在為找工作煩惱，不妨先看看下面這個故事，或許它能給你帶來或多或少的感悟：

　　有一位年輕人來到美國西部，他想當一名新聞記者，但因初次前來，人生地不熟，無從著手，只好寫信去請教報界很有影響的克里蒙先生，不久他接到了克里蒙先生的回信，信中說：「只要你願意依照我的話去做，我可以在報界為你謀得一席職位。現在請告訴我：你想進哪一家報社，這家報社在什麼地方？」

　　年輕人接到回信後，當然興奮異常，連忙再寄一封信，說明他所盼望就職的報社名稱和地址，同時誠懇地表明自己願意聽從他的指示。不久他就接到了第二封回信，信中說：「只要你肯暫時只盡義務，不要薪水，隨便你到哪家報社，人家都不會拒絕你；至於薪水，你不必心急。你去對報社的人說，你近來失業覺得很無聊，現在很想找個工作，藉以充實生活，但可先不收取薪酬。這樣一來，無論對方是否迫切

需要，總不至於一口拒絕。獲得機會之後，就要主動找事去做，時間一久，同事們漸漸地都覺得少不了你。這時你再從各方面去採訪新聞，把所得到的消息交給編輯部；如果其中有他們需要的新聞，當然會替你陸續發表出來，這樣你就可以漸漸升到正式外勤記者或編輯的位置。大家開始看重你，你便不愁沒有薪水了。你的名字和成績將會被同事和朋友們傳開來，這樣你遲早會獲得一份薪水相當的工作。不久，你收到了其他報社的招聘書，你可以拿給主編看，告訴他那家報社要給你多少月薪，如果這邊也肯出同樣的薪水，你願意仍舊留在這裡做下去。那時也許其他報社會再提高你的薪水，但如果那數目與這邊相差不多，你最好還是在老地方做下去。畢竟你在此工作的時間較久，人熟事順了。」

起初，這位年輕人對克里蒙的這個方法有些懷疑，但他仍然照著去做。不久，他果然進了一家報社的編輯部；不到一個月，又接到另外一家報社的聘書，答應每月給他多少薪水，原本待的報社知道後，就答應照那數字加倍給他，於是他仍然在原來的報社服務。這樣繼續做了四年，在這四年內，又兩次接到其他報社的聘書，他也因此被加了兩次薪水。現在他已是那家報社的主編了。

此外，又有五位年輕人也去請教克里蒙先生，他們也得到同樣的指教，並找到了他們所盼望的工作。其中有一位現在就是美國一家名望極大的日報主編，這位主編先生在二十

第六章　選對事業成就一生

年前，不過是一個極平凡的人，自從用了克里蒙所指示的方法進了那家報社後，地位日漸上升，終於實現了他的夢想。

我們應該明白，什麼時候該選擇什麼工作，用什麼心態去選擇什麼工作。只有認清這點，我們才能按照克里蒙的方法去做；我們才能像那位年輕人一樣，得到一份理想的工作。

了解自己，發現自己的獨特優勢；儘早確定職業生涯目標；不要把某種對生活方式的追求等同於職業生涯、目標。那麼，初涉職場的人該如何選擇第一份工作呢？以下根據大量的調查和資料評估，為求職者準備了八條評判企業的標準：

* 不在於是否有經常出國培訓的機會，而在於培訓是否能讓你有鍛鍊的機會，能否幫助你彌補致命的職業弱點。
* 不在於你是否會犯錯，而在於公司能否教會你下一次不再犯同樣的錯。
* 不在於企業是否是世界五百強，而在於你再一次選擇工作時，此次的工作經歷能否為你的履歷加分。
* 不在於能學到圓滑世故的處世方式，而在於有一個相對簡單的人際關係去專心做事。
* 不在於這份工作本身是否趣味無窮，而在於它是否能讓你感受到工作熱情並勇於向未知挑戰。
* 不在於能讓你立刻賺到很多錢，而在於能否讓你學到可以賺錢的經驗。

* 不在於你能透過這份工作結識多少達官顯貴，而在於透過這份工作能累積工作人脈，學會與人打交道的方式。
* 不在於工作環境是否足夠奢華，而在於工作氛圍是否舒服，並得到應有的尊重和心靈自由。

每個行業都有很多公司，而每家公司的前途和命運大不相同。一旦我們選擇了一份職業，就一定要選擇一家與職業相關的公司。

選擇公司還要視自己的情況而定，公司的優與劣、大與小之間並非是絕對的，尤其是對具體的個人而言。人的能力在不斷成長，職業生涯也在不斷變化，不同階段選擇公司也應有不同的標準。問一問自己現在處於哪個階段？這一階段有些什麼特別之處？職業生涯規畫中有一個「三個三年」的說法，我們也不妨給自己的職業生涯制定一個三年規畫。三個三年後，或許我們就能成為行業的菁英。

* **第一個三年 —— 學習期**：這是學校畢業後進入職場的頭三年，個人目標應主要放在各層面的學習上，工作所需的技術、為人處世的態度或者團隊工作的相關經驗，都將會是未來馳騁於職場的必需品，切勿過多地要求公司的薪水或獎金的多少。

    這一時期，你需要接受培訓，需要有一個好的公司，並在最好的環境裡參加實際工作，獲得實際體驗，學習技

術常識，增強職業上的自信心。因而在這一階段，學習重於薪水，報酬並不重要。

* **第二個三年 —— 整合期**：第一個三年以後，應了解該公司所具備的各項優勢及客觀條件，結合個人能力整合運用，在合適的職位上發揮最大作用。

　　與此同時，也要努力向外擴展，帶動公司跟著成長，而不要只是抱怨公司的格局太小，總是有一種壯志難酬的遺憾。只要能夠讓自己的能力充分發揮，勢必可以打破原有的桎梏，拓展公司的市場和規模。因此，這一時期不要太多地去考慮公司的規模。

* **第三個三年 —— 創建期**：第二個三年之後，已經進入「學有所成」階段即創建期，是施展真功夫的時候了。此時發揮個人實力，往比所處職位的高低更為重要。在職場上成長至此，已經具備各種基本能力，應該全力發揮儲備的實力，同時要幫助新人成長，這樣個人在職場中的地位將會有所提升，更容易謀求進一步的職位。如果你所在的公司能肯定你的能力，給你相當的職位，你就可以任意發揮所長，即使公司規模不大，只要你能充分發揮自己的實力，也就不必要去再選第二家公司了。

　　職場上這種「三個三年期」是不斷變化發展的，作為職業載體的公司也一樣，公司的運轉也是有生命週期的，習慣

上分為成長期、發展期、成熟期、衰退期。與此相應,公司又分成長型的、發展型的、成熟型的和衰退型的四種,它們對員工的需求也各有不同。

* 成長型的公司給人一種蓬勃向上、輕鬆愉快的氛圍,公司從老闆到員工都顯得年輕而有活力。成長型的公司往往選擇一些能吃苦耐勞的員工。
* 發展型的公司在市場拓展過程中能體現出驚人的速度和贏得激烈市場競爭的高明策略,大有一種初生牛犢之勢。發展型的公司需要具有很強市場開拓能力的員工。
* 成熟型的公司展現為嚴密的管理制度和成熟的業務形態,許多管理方面的東西是值得借鑑和學習的。成熟型的公司則會選擇一些高學歷、高素養、有管理經驗的職業經理型人才。
* 衰退型的公司表現為人心渙散,暮氣沉沉,不管員工多麼努力也只能是得不償失。這種公司也在招聘試用一些人才,但你千萬不要涉足。

　　無論是對自己三年規畫的選擇,還是對公司的選擇,我們都應該慎重。只有我們對自己、對公司做過慎重的選擇後,我們才能順心、認真地投入工作,創造更好的業績。

　　選擇一份工作時,認清自己、認清公司,我們才能去認定企業、認定職業,才有可能投入熱情去工作。

選擇什麼樣的老闆

有個成語叫「如魚得水」，選擇工作時，也要做到如魚得水。「良禽擇木而棲，賢臣擇主而事」，企業在選擇人才時，人才也同樣有選擇企業的權利。拿著自己的優點，像鳳凰一樣，「非梧桐不棲，非醴泉不飲」。只有做到這樣，你才能像魚在大海中一樣，將自己最大的優勢展現出來。你才會將全身心的精力投入到你的工作職位上。

那麼我們該如何去擇主呢？

在一個公司裡，老闆是核心，是不折不扣的「靈魂人物」。老闆的眼界、能力和管理方法對公司未來的發展有著決定作用。我們在選公司時，老闆的風格和為人便成了必不可少的判斷依據，因為只有好的老闆才能讓你在公司裡得到良好的鍛鍊和發展。

找工作時，老闆有權選擇員工，同樣，我們也有選擇老闆的權利。市場經濟已經取代了計畫經濟，一個成熟的商業社會，企業發展相對穩定。個人創業已經變得越來越不容易了，有更多的人在人生某一個階段甚至一輩子都可能要扮演員工的角色。因此選擇一位值得追隨的老闆，是個人前途的最大保證。

一生中能允許你有幾次錯誤的選擇呢？如果選擇不當，剛剛踏入社會的黃金階段就連換三五個工作，成功的機會便

大大降低了。謹慎地選擇可以追隨的老闆，是你一生中少數幾個最重要的個人決策之一。

好公司中的好老闆，能夠培養我們更多的能力和信心，能夠給我們提供更多的幫助。同樣，即使在一個業績平平的公司，如果能遇到一個好老闆，也會獲得很多的益處。如果我們抱著向老闆學習的態度，選擇一個好老闆就更加重要了。

物以類聚，人以群分。與什麼樣的人交往，對個人的成長影響頗大。有句俗話：「常在河邊走，哪有不濕鞋？」長久地生活在低俗的圈子裡，無論是道德上還是品味上的低俗，都不可避免地讓人走下坡路 —— 我們應該努力地去接觸那些道德高尚、學識不凡的人，這樣才能促進自己的提高。

一位職業培訓師到某大學做職業生涯規畫的演講，一名學生問他：「選擇公司最重要的因素是什麼？」大師反問他：「你認為你最重視的是什麼？」學生的回答不是薪資、福利等人們普遍關心的問題，而是「值得追隨的公司領導人」。

這個答案引起老師強烈的好奇，忍不住追問：「為什麼你要把企業領導人列為最重要的因素？」這位聰明的年輕人滿懷自信地回答：「只要跟對老闆，學得真本事，一輩子都受用，還怕沒有機會出人頭地嗎？」

這位年輕人的理念正是我們所要推崇的。他尚未踏出校園，也還沒接觸到社會深沉的一面，但卻懂得第一份工作應

第六章　選對事業成就一生

選擇跟隨好老闆，也算是有遠見了，如今這名學生已成了微軟公司重量級的管理人員。

如果你遇到的老闆不是那種慧眼識英才的人，你的能力和貢獻都是做白工，甚至可能毫無理由地打壓你，讓你的內心產生一種失落感。導致你對工作產生厭倦並令你受到心靈的傷害。

關鍵的問題是：好老闆在哪裡？其判定標準又是什麼？

好老闆的臉上沒有貼標籤，職場中的你需要練就一雙慧眼。概括起來，以下三種類型的老闆都是不錯的選擇。

＊ **選擇值得信賴的**：如果你選擇的老闆是個「扶不起的阿斗」，你把精力、能力浪費在他身上，豈不是白費心思？那麼什麼樣的老闆值得信賴呢？值得信賴的老闆應該具有以下特質：

- ．有魄力，但不莽撞；
- ．刻苦勤勞，做事嚴謹；
- ．做事細心，反應機敏；
- ．具有創新精神；
- ．對待員工寬厚，但不縱容；
- ．重視商譽，不投機取巧；
- ．在所屬業界有良好的公共關係圈；
- ．自制力強，有出汙泥而不染的毅力；

‧ 有識人與用人的才能；

‧ 有擴展事業的雄心和理想，具有積極向上的精神。

＊ **選擇和自己患難與共的**：如果你在中小企業工作，要有犧牲眼前利益的精神，把公司的發展當作自己的發展，工作比在大企業辛苦，拿錢也比在大企業中少，你唯一的希望就是幫助老闆把生意做大，與此同時，讓自己也強大起來。

因此，你進入中小企業後，一定要抱定與老闆共患難的決心，把自己的前途賭在老闆的事業上。當然，這樣做的前提是，老闆必須是個可信賴的人。

＊ **選擇具有現代經營理念的**：企業的經營管理，已成為綜合性的科學產物，不管是人事的組合、投資的分析、市場的拓展，都有一套系統的做法。老闆不具備這種新的觀念，企業就沒有前途，你的命運便可想而知。

以上三點，以第一點和第三點尤為重要。

當然，老闆在很大程度上是不能由自己選擇的。但是，你可以創造條件去接近心目中認定的比較理想的老闆。選擇老闆時，不僅需要看老闆的思想意識、他對下屬的關心程度及提攜下屬的能力等，還要看你自己的意願和想法以及你的興趣。有一些人在工作中追求的是職務的晉升；有的是追求比較安定的環境；有的是追求比較高的經濟收入；還有的是

為了事業的充實。目的不同，對老闆的要求不同，選擇老闆的標準當然就不一樣。

一個人能走多遠，在於他與誰同行；一個人能飛多高，在於他與誰為伍。

做「鳳尾」還是「雞首」

朋友小羅心高氣傲，從來就沒有滿足過現狀。從大學到公家單位再到外資公司，小羅每隔兩年跳一次槽，一直有「飛上枝頭做鳳凰」的雄心。小羅以前的每次跳槽在旁觀者看來都是一次提升，但最近他從一家知名企業到了一家小公司。「寧做雞首不作鳳尾」，做出這樣的選擇，朋友們多有不解，但小羅認為做「雞頭」的感覺很好。

一切必須從他的成長歷程說起。

大學畢業的時候，小羅分發到公家機關工作，當時的辦公室在一棟老式大樓裡，樓梯「咯吱」作響，據說晚上還有老鼠出沒。大家輪流泡茶，從一樓提水到三樓。百無聊賴地要從早上八點三十坐到下午五點半，一張報紙從頭到尾從尾到頭地看，只有吃中飯前討論點哪家公司的便當和飯後打牌是一天生活的高潮。辦公室裡的老人一律被尊稱為「某老師」，老男人和老女人談的都是小孩或伴侶的日常瑣事，小羅的文憑和知識在這裡根本就派不上多少用途，因此只是「做一天和尚撞一天鐘」。

做「鳳尾」還是「雞首」

　　一次，某家公立大學招聘，小羅應徵成功了，不但可以不再朝九晚五，而且好歹也是大學教師。但是，現在許多教師都手握碩士文憑，於是小羅把美好的青春之夜都交給夜校為自己「鍍金」，他有點捨不得。學校裡待久了也感到沉悶，外資公司成了小羅的首選。小羅透過朋友協助，果然在外資公司謀得一職。

　　新的辦公地點和辦公室的硬體、軟體都讓小羅眼前一亮，可惜在那個競爭激烈人才濟濟的地方，他絕對是個「鳳尾」。小羅做得很累，只有在過去的朋友和同事羨慕的眼光裡獲得一些安慰和成就感。他們介紹小羅時必定提及他的公司，公司成了他的招牌，雖然公司裡很多人不知道小羅是誰。小羅在那裡被人使喚，身心俱疲，即使有出國的機會，輪到他也是人家懶得去的東南亞。年齡、英文能力和專業程度都不具備特殊優勢的他，只覺得壓力鋪天蓋地，自卑自責時時擠壓著他，令他幾乎要得憂鬱症。

　　一個偶然的機會，小羅發現一家小公司在招聘，打電話詢問覺得有興趣，於是跑去面試。對方看了他的履歷居然露出驚喜之色，原來這家「小廟」還沒見過他這樣的「大佛」呢。在原公司備受冷落的小羅感動萬分。小羅的英文程度使他在這家小小的貿易公司受到空前的尊重，其實小公司業務穩定，收益也不錯。小羅也算是見過大場面的人了，因此他應付這家公司的同事和客戶，游刃有餘，不久就成為公司裡

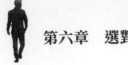

備受推崇的紅人。小羅在這裡神清氣爽，從「鳳尾」到「雞首」，小羅終於找到了適合自己的位置。

過了不久，小羅晉升為業務總經理，三十多歲的他第一次擁有自己的私人辦公室和祕書。現在的小羅非常開心而達觀。「鳳尾」和「雞首」其實都是一種選擇，就看你適合哪一種啦！

有人說「寧為鳳尾，不做雞首」，有人說「寧為雞首，不做鳳尾」。其實，「雞首」與「鳳尾」，並沒有優劣之分。鳳尾有鳳尾的優勢與劣勢，雞首有雞首的優勢與劣勢。前者優勢在於有一個較大的舞臺，劣勢在於舞臺上的競爭對手太多；後者的劣勢在於舞臺較小，優勢在於能夠充分發揮自己的能力。

因此，做「雞首」還是「鳳尾」，全看你個人的權衡與選擇。大公司難進，如果你「不幸」進入「雞群」，不要憂心忡忡、憤憤不平。努力在「雞群」中鶴立，在小地方盡情發揮自我，活得快樂有尊嚴，成為獨當一面的佼佼者，成為昂然挺立的「雞首」，落入「雞群」又何嘗不是一件好事？

人的一生經歷無數次選擇，即無數次機會的掌握。正確的選擇可以造就生命中燦爛的前程，錯誤的選擇可以毀掉人生的夢想而品嘗遺憾的苦果。因此，選擇是歡娛的過程，選擇是痛苦的過程，選擇亦是悲愴的過程。

是不是到了跳槽的時候

　　周小姐最近異常煩悶，她突然感覺自己失去了目標，竟不知道自己明天的路在哪裡。

　　周小姐從小就不是安分守己的人，她腦筋很活躍，凡事追求新鮮感。在遠離家鄉的大學就讀，畢業後去了外縣市工作。她總是覺得熟悉的地方沒有好風景。如此心態，也令她的職業生涯並非中規中矩而是充滿變數。最開始，她在一家時尚雜誌社做編輯，意氣風發。但當新鮮感消失後，她就覺得失去興致了，一天到晚無精打采。「不行，不能這樣下去！」周小姐決定見風轉舵，這次她跳到一家 IT 公司工作。做了兩年以後，她還是感到無趣，怎麼辦？

　　當然繼續跳槽！當時正好趕上投資熱潮，於是周小姐又選擇了新的職業，到了諮詢公司門下。誰知道工作看似簡單，實際操作起來卻並非易事，總是「眼高手低」，工作一段時間後，她的績效沒什麼起色。況且，那裡的氛圍也並不輕鬆。於是，當初的熱忱化作困頓和憂慮，周小姐又做好了跳槽的準備。但這次，她卻很茫然，不知往何處跳？再三考慮，她最後瞄準了一家外資公司，但這次的落腳點仍然不穩，俗話說，「隔行如隔山」，她又要重新適應環境，工作上始終很難有大的突破，一直停滯不前。對此，周小姐憂慮重重。

第六章　選對事業成就一生

　　一向好強的周小姐病了，無法正常工作。她精神恍惚，只能整天昏昏沉沉地躺在床上。人倒下了，思緒也飄得很遠，她不明白，自己並不是一個保守的人，總是在求新求異求變，卻為何還落得如此下場？

　　表面看起來，周小姐確實是在「與時俱進」，經歷的幾個公司都是選擇當下較熱門的行業。對於熱門行業她眼光精準，但是跳槽時並沒有充分考慮自己是否具備某在一環境的工作能力和準備。因而，她的職業軌跡很混亂，每一次跳槽幾乎都必須重新適應。周小姐的當務之急是用心規劃自己的職業生涯，注重職業的關聯性，令所有的枝葉都圍繞著主幹生長，並相輔相成，相互供養，這樣事業之樹才能愈發繁茂、蒼翠。

　　經濟和社會的迅速發展，客觀上為我們提供了更大的選擇自由和發展空間。跳槽有跳槽的理由，無非是在新的公司有更大的誘惑或舊的公司不再令自己有成就感。不跳有不跳的理由，舊公司的工作環境、流程已經非常熟悉，操作起來得心應手。似魚逆流而上，跳槽是一次新的冒險。有的人能夠如願以償，越跳越高；有的人卻鬧得人仰馬翻，重摔一跤。可見，跳槽要三思而後跳，盲目地跳槽並不可取。

　　現今公司招聘員工時，對應徵者的資歷背景一般都有極其嚴格的要求，他們不喜歡頻頻跳槽的應徵者。某知名企業

的人事經理說，很多人跳槽是盲目的，沒有經過深思熟慮，對市場中的需求狀況也不了解，往往出於意氣用事，見異思遷，追求高薪水或定位失準。因此，在人才市場中，不少人不是越跳越高，而是越跳越糟。

　　既然跳槽有這麼大的風險，在確定跳槽之前，一定要確定自己到底為什麼要找新工作，弄清楚想換工作是因為性格不合，還是環境因素或人事問題。什麼工作都會有壓力，有時我們必須學會應付、適應環境。即使真的要跳槽，也不妨留在現在工作職位觀察一段時間，看它到底是否適合你。

　　記住：跳槽不應只是你對高薪或高一級職位的追求，而是對職業生涯進一步發展的追求。越跳越高，高的不僅僅是薪水和職位，更重要的是，使你的職業生涯步入更高階段。每一次跳槽，都應該對自己的職業和發展目標做重新設定。

　　人的一生面臨眾多的選擇，在無數的選擇中，每一次選擇前都應該回頭看看，仔細觀察身後的腳印，你會有所感悟。

轉行的時機是否成熟了

　　轉行的念頭，相信有不少人的腦海裡都有過。很多時候，這個念頭只是一閃而過。而如果這個念頭盤踞在腦海，久久不願消退，則表示你真的需要好好考慮一番了。

第六章　選對事業成就一生

　　據統計，差不多有百分之九十的人都會對他們工作的某方面感到不滿。主要的不滿，皆與工作要求和個人當時的事業原動力相背有關。

　　我們在剛剛走出學校大門時，第一個工作大多是在匆忙之中選定的。為了生活，顧不了那麼多。這個工作一日一日地做下去，一年兩年過去了，人混熟了，經驗也有了。有的從此安安分分地上他的班，最多換換新的公司，為自己尋求較好的待遇和工作環境；有的則運用已經學到的經驗，自己創業當老闆；有的則轉行，到別的天地試試運氣。

　　當你為了轉行與否而猶豫、焦慮時，一定要考慮以下幾個因素：

＊ 我在這行是不是沒有發展了？同行的看法如何？專家的看法又如何？如果真的已經沒有多大發展，有沒有其他出路？如果有人一樣做得好，是否說明了所謂的「沒有多大發展」是一種錯誤的理解？

＊ 我是不是真的不喜歡這個行業？或是這個行業根本無法讓我的能力得到充分的發揮？換句話說，是不是越做越沒趣，越做越痛苦呢？

＊ 對未來所要轉換行業的性質及前景，我是不是有充分的了解？我的能力在新的行業是不是能如魚得水？我對新行業的了解是否來自客觀的事實和理性的評估，而不是

急著要逃離本行所引起的一廂情願式的自我欺騙？

＊ 轉換行業就像另選樹幹往上爬，從原來的樹上退下來容
　易，重新爬另一棵樹卻得有個過程。在這一過程中，
　收入的減少和職位的降低很難避免，面對青黃不接的生
　活，你是不是做好了準備？

　　如果你對以上幾點都進行了全面的考量，得出的還是改
行的決定的話，就大膽地實施改行吧！早轉比晚轉好，這時
候舊的包袱還不太重，對於新事物的接受能力也比較強。一
個人在舊「樹幹」上待得越久、爬得越高的人，退下來轉新
「樹幹」的難度也就越大。一個人不管在舊樹幹上爬得多高或
多低，只要認為轉化方向是必然的選擇，就千萬不要猶豫。
等待、觀望的時間越長，所付出的代價也就越大。相反，越
是及時做出反應，其相應代價的可控制程度也就越高。

　　讓一個人放棄所熟悉甚至已有成就的領域而轉投他行確實
不易，不但要從頭學起，從頭做起，而且還要承擔經濟上的
損失和精神上的壓力。但在今天這個日新月異、花樣迭出的
時代，新的商業模式及新的職位不斷出現，同時也有許多職位
遭到淘汰，誰也無法保證十年之後自己不換工作。在這種情況
下，未雨綢繆地改行，也不失為一種適應時代潮流的方式。

　　選擇需要高深的思考功底，需要切合實際的判斷能力，
需要謹慎的態度，需要果斷的決斷，需要充足的時間。

第六章　選對事業成就一生

是繼續上班還是創業呢

讓自己替自己工作，讓別人替自己工作，幾乎是每一個人的夢想。創業造就了很多成功的人，創業對於成功具有非凡的意義。無數雄心勃勃的人透過創業活動，改變了自己的人生，同時也為其他人創造了巨大的價值。

創業正是時代的潮流，也是人生的一次革命。可以這樣說，創業是人生的一次冒險的規畫與實踐。

然而，創業雖好，卻不能為了創業而創業，畢竟「一將成名萬骨枯」。在那些創業明星的輝煌背後，有著萬千黯然的失敗痛楚。收益與風險成正比，你準備好了嗎？

創辦自己的企業可能會帶來非常誘人的回報。不過，在你決定辭職做老闆之前，還應仔細思量。對做個領薪水的職員與自己當老闆這一問題，不能簡單地分為孰優孰劣。因為角色的不同，所承擔的責任與義務也不同，很難說哪一種更好。

在人們眼中，老闆是能夠獨立承擔風險、頗富創新意識的偶像。與此相對，上班則是去企業謀職，參與團隊工作。從上班族轉變為老闆，具體有哪些不同呢？

讓我們先設想一下，自己是一次船難事件的唯一倖存者，被困在一座孤島上。一分鐘以前，你的飲食、娛樂等所有需求都有人照顧，現在這一切突然沒有了。你如何才能活下去，如何才能保持自己的士氣呢？如果一時無人搭救，你

會適應並喜歡上這種新生活嗎？

　　從上班族轉向創業者的旅途充滿艱難險阻。懷抱夢想的你有充分的準備去迎接這一挑戰嗎？你是不是適合做創業家？對此，先請你回答以下的幾個問題，看一看自己的成功概率有多大。

* 你是否懷念在公司的工作？一些人對在公司的工作十分懷念並做得很有成就感，那你就繼續留在公司吧！

* 你為什麼要離開公司？很多成功的創業者之所以離開他們的公司，是因為他們有一個了不起的新創意。這種新創意是一種能量的源泉，可以補償其作為獨立商人時的資源匱乏。

* 你的人際關係如何？與各種不同行業的人建立關係，是你不斷開拓業務的關鍵技能。

* 你如何應付不同的壓力？做老闆，很難把個人生活與商業困境分離開來。

* 現在是合適的時機嗎？當你離開公司創業時，你的經濟實力和個人壓力應是最小的。

* 你真的想自己做老闆嗎？你一人獨力支撐時，該如何去面對？因為你的顧客、合作夥伴、投資者其實也是你的「老闆」。他們和公司裡那些只顧自己的老闆一樣，會令你的生活不堪重負。

＊ 你是否非常渴望成為老闆？如果答案是否定的，最好三思。你必須要有做老闆的那種熱情，才有可能驅使自己走向成功。

＊ 你能夠放棄哪些東西呢？在決定離開公司的時候，一些上班族只顧想著當老闆的種種好處。其實，作為老闆，有些損失也會使人覺得難以承受。

　· **固定的薪資收入**：等待投資回報的時間十分令人焦心，如果你習慣了每月按時收到薪資單的生活，這種難受尤甚。

　· **資源**：作為老闆，大部分工作都必須由你自己來做，並要為所有資源支付酬金。

　· **個人時間**：老闆的工作時間較上班族更長、更沒有規律。

　· **有薪假期**：作為老闆，休兩週的假回來，你得加倍努力工作，以補償休假的時間和金錢。

　· **例如獎賞**：在創業初期，你不可能享受到原來公司所給的那種獎賞。

　　總之，選擇就是一種取捨，你把方方面面的得失考慮清楚後，做出的選擇一定會更合理。

　　有空間寬裕的選擇，有餘地狹小的選擇，有輕而易舉的選擇，有要付出代價和犧牲的選擇。只要你深思熟慮了，就堅持你的選擇。

人格類型與職業能力測試

　　這是目前西方管理學界盛行的人格類型和職業能力的科學測試，十多年來一直運用個性類型理論培訓專業人士，我們不妨試試，給自己的職業找一個適合的定位：

■ **測試要求：每題考慮的時間不得超過十秒鐘。**

　　每七題為一部分找出你選擇最多的那個字母，按順序進行排列。

1. 你傾向從何處得到力量：

　　（Ｅ）別人。

　　（Ｉ）自己的想法。

2. 當你參加一個社交聚會時，你會：

　　（Ｅ）在夜色很深時，一旦你開始投入，也許就是最晚離開的那一個。

　　（Ｉ）在夜晚剛開始的時候，我就疲倦了並且想回家。

3. 下列哪一件事聽起來比較吸引你？

　　（Ｅ）與情人到有很多人且社交活動頻繁的地方。

　　（Ｉ）待在家中與情人做一些特別的事情，例如：觀賞一部有趣的錄影帶並享用你最喜歡的外帶食物。

4. 在約會中，你通常：

　（E）整體來說很健談。

　（I）較安靜並保留，直到你覺得舒服。

5. 過去，你遇見你大部分的異性朋友是：

　（E）在宴會中、夜總會、工作上、休閒活動中、會議上或當朋友介紹我給他們的朋友時。

　（I）透過私人的方式，例如個人廣告、錄影約會，或是由親密的朋友和家人介紹。

6. 你傾向擁有：

　（E）很多認識的人和很親密的朋友。

　（I）一些很親密的朋友和一些認識的人。

7. 過去，你的朋友和同事傾向對你說：

　（E）你難道不可以安靜一下子嗎？

　（I）可以請你從你的世界中出來一下嗎？

8. 你傾向透過以下哪種方式收集資訊：

　（N）你對有可能發生之事的想像和期望。

　（S）你對目前狀況的實際認知。

9. 你傾向相信：

　（N）你的直覺。

　（S）你直接的觀察和現成的經驗。

10. 當你置身於一段關係中時，你傾向相信：

（N）永遠有進步的空間。

（S）若它沒有被破壞，不予修補。

11. 當你對一個約會覺得放心時，你偏向談論：

（N）未來，關於改進或發明事物和生活的種種可能性。例如，你也許會談論一個新的科學發明，或一個更好的方法來表達你的感受。

（S）實際的、具體的、關於「此時此地」的事物。例如，你也許會談論品酒的好方法，或你即將要參加的新奇旅程。

12. 你是這種人：

（N）喜歡先縱觀全域。

（S）喜歡先掌握細節。

13. 你是這類型的人：

（N）與其活在現實中，不如活在想像裡。

（S）與其活在想像裡，不如活在現實中。

14. 你通常：

（N）偏向於去想像一大堆關於即將來臨的約會的事情。

（S）偏向於拘謹地想像即將來臨的約會，只期待讓它自然地發生。

15. 你傾向如此做決定：

（Ｆ）首先依你的心意，然後依你的邏輯。

（Ｔ）首先依你的邏輯，然後依你的心意。

16. 你傾向比較能夠察覺到：

（Ｆ）當人們需要情感上的支援時。

（Ｔ）當人們不合邏輯時。

17. 當和某人分手時：

（Ｆ）你通常讓自己的情緒深陷其中，很難抽身出來。

（Ｔ）雖然你覺得受傷，但一旦下定決心，你會直截了
當地將過去戀人的影子甩開。

18. 當與一個人交往時，你傾向於看重：

（Ｆ）情感上的相容性：表達愛意和對另一半的需求很
敏感。

（Ｔ）智慧上的相容性：溝通重要的想法；客觀地討論和
辯論事情。

19. 當你不同意情人的想法時：

（Ｆ）你盡可能地避免傷害對方的感情；若是會對對方
造成傷害的話，你就不會說。

（Ｔ）你通常毫無保留地說話，並且對情人直言不諱，
因為對的就是對的。

20. 認識你的人傾向形容你為：

    （F）熱情和敏感。

    （T）邏輯和明確。

21. 你把大部分和別人的相遇視為：

    （F）友善及重要的。

    （T）另有目的。

22. 若你有時間和金錢，你的朋友邀請你到國外度假，並且在前一天才通知，你會：

    （J）必須先檢查你的時間表。

    （P）立刻收拾行裝。

23. 在第一次約會中：

    （J）若你所約的人來遲了，你會很不高興。

    （P）一點都不在乎，因為你自己常常遲到。

24. 你偏好：

    （J）事先知道約會的行程：要去哪裡、有誰參加、你會在那裡多久、該如何打扮。

    （P）讓約會自然地發生，不做太多事先的計畫。

25. 你選擇的生活充滿著：

    （J）日程表和組織。

    （P）自然發生和彈性。

26. 哪一項較常見：

（ J ）你準時出席而其他人都遲到。

（ P ）其他人都準時出席而你遲到。

27. 你是這種喜歡⋯⋯的人：

（ J ）下定決心並且做出最後肯定的結論。

（ P ）放寬你的選擇面並且持續收集資訊。

28. 你是此類型的人：

（ J ）喜歡在一段時間裡專心於一件事情直到完成。

（ P ）享受同時進行好幾件事情。

■ 性格分析

（E）外向型 —— I —— 內向型（I）

（S）感知型 —— I —— 直覺型（N）

（T）思考型 —— I —— 感覺型（F）

（J）判斷型 —— I —— 認知型（P）

外向型的人把注意力和精力放在身外的世界，主動與人交往，喜歡互動。與人為伴就精神抖擻，常認識很多人。

內向型的人專注於自我的內心世界，喜歡獨處並陶然其中。他們總是先想後做，這意味著心理活動居多。他們不喜歡受人注目，一般比外向型的人更矜持。

感知型的人注重自己看到、聽到、觸到、嗅到和嘗到的

具體感受。他們只相信可以測量、能夠記錄下來的東西，只注重真實可靠的事。他們也相信自己的個人經驗。

直覺型的人更相信「第六感」（直覺）。他們善於理解字面以外的含義，對一切事情都要尋求一個內在意義。他們總能預示事件的發生，通常不願意維持事物的現狀，總想不斷來點新花樣。

思考型的人喜歡符合邏輯的決策，善於客觀地分析一切，並常引以為自豪。

感覺型的人常因自己的喜好和感覺決策。他們很能體貼人、常富有同情心，並因此自以為榮。

判斷型的人條理性很強。只要生活安排得有條不紊、事事井井有條，他們就快樂無比。凡事他們總要斷個分明，喜歡決策。

認知型的人生活散漫隨意，生活機動性強時最高興。他們樂意嘗試一切可能的事情。他們往往理解生活，而不是努力控制生活。

個性的每個層面都有兩個彼此對立的極端，這樣共有八種個性偏好，每種用一個字母來表示。把這些字母組合起來，便代表十六種個性。每一個人都可以在當中對號入座。

＊ ISTJ —— 內向、感知、思考、判斷型：這種人一絲不苟、認真負責，而且明智豁達，是堅定不移的社會維護

者。他們講求實際、非常務實，總是孜孜以求精確性和
條理性，而且有極大的專注力。不論做什麼，他們都能
有條不紊、四平八穩地把它完成。

對這類人而言，令他們滿意的工作是技術性的工作，能
生產一種實實在在的產品或有條理地提供完善服務。他
們需要一種獨立的工作環境，有充裕的時間讓自己獨立
工作，並能運用自己卓越的專注力來完成工作。

＊ **ISFJ —— 內向、感知、感覺、判斷型**：這種人忠心耿
耿、一心一意、富有同情心，喜歡助人為樂。由於這種
人有很強的職業道德，一旦覺得自己的行動確有幫助，
他們便會擔起重擔。

最令他們滿意的工作是：需要細心觀察和精確性要求極
高的工作。他們需要透過不聲不響地在背後工作以表達
自己的感情投入，但個人貢獻要能得到承認。

＊ **INFJ —— 內向、直覺、感覺、判斷型**：這種人極富創
意。他們感情強烈、原則性強且具有良好的個人品德，
善於獨立進行創造性思考。即使面對懷疑，他們對自己
的觀點仍堅信不疑。看問題常常能入木三分。

對他們來說，稱心如意的事業就是，能從事創新型的工
作，主要是能幫助別人成長。他們喜歡生產或提供一種
自己能感到自豪的產品或服務。工作必須符合他們的價
值觀。

* INTJ —— **內向、直覺、思考、判斷型**：這類人是完美主義者。他們強烈要求自主、著重個人能力、對自己的創新思想堅定不移，並受其驅使去實現自己的目標。這種人邏輯性強，有判斷力，才華橫溢，對人對己要求嚴格。在所有類型的人中，這種人獨立性最強，喜歡我行我素。面對反對意見，他們通常多疑、霸道、毫不退讓。對權威本身，他們毫不在乎，但只要規章制度有利於他們的長遠目標他們就能遵守。

  最適合的工作是：能創造和開發新穎的解決方案來解決問題或改進現有系統的工作。他們願意與責任心強，在專業知識、智慧和能力方面能贏得自己敬佩的人合作；他們喜歡獨立工作，但需要定期與幾位智囊人物切磋交流。

* ISTP —— **內向、感知、思考、認知型**：這種人奉行實用主義，喜歡行動，不愛空談。他們長於分析、敏於觀察、好奇心強，只相信可靠確鑿的事實。由於非常務實，他們能很好地利用一切可利用的資源，而且很會看準時機。

  對於他們而言，令他們滿意的事業就是：做盡可能有效利用資源的工作。他們願意精通機械技能或使用工具來工作。工作必須有樂趣、有活力、獨立性強，且常有機會走出工作室去戶外。

* ISFP —— **內向、感知、感覺、認知型**：這種類型的人溫柔、體貼、敏感，從不輕言非常個人化的理想及價值觀。他們常透過行動，而非語言來表達熾烈的情感。這種人有耐心、能屈能伸，且十分隨和、無意控制他人。他們從不妄加判斷或尋求動機和意義。

  適合的工作是：做非常符合自己內心價值觀的工作。在做有益於他人的工作時，希望注重細節。他們希望有獨立工作的自由，但又不遠離其他與自己合得來的人。他們不喜歡受繁文縟節或一些僵化程式的約束。

* INFP —— **內向、直覺、感覺、認知型**：INFP 類型的人珍視內在的和諧勝過一切。他們敏感、理想化、忠心耿耿，在個人價值觀方面有強烈的榮譽感。如果能獻身自己認為值得的事業，他們便情緒高漲、義無反顧。在日常生活中，他們通常很靈活、有包容心。這類人很少表露強烈的情感，常顯得鎮靜自若、寡言少語。不過，一旦相處熟悉，他們也會變得十分熱情。

  對 INFP 類型的人而言，最好的工作是：做合乎個人價值觀、能透過工作陳述自己遠見的工作；工作環境需要有靈活的架構，在自己熱情高昂時可以從事各種項目；能發揮個人的獨創性。

* INTP —— **內向、直覺、思考、認知型**：這類人善於解

決抽象問題。他們經綸滿腹，時常能閃現出創造的睿智火花。他們外表恬靜，內心專注，總忙於分析問題。他們目光挑剔，獨立性極高。

對於這類人，事業上的成就感源自這樣的工作：能醞釀新觀念；專心負責某一創造性流程，而不是最終產品的工作。在解決複雜問題時，能讓他們跳出常規的框框，冒一定風險去尋求最佳的解決方案。

* ESTP —— **外向、感知、思考、認知型：**這類人無憂無慮，屬於樂天派。他們活潑、隨和、率性，喜歡安於現狀，不願從長計議。由於他們能夠接受現實，一般心胸豁達、包容心強。這種人喜歡玩實實在在的東西，善於拆拆裝裝。

對這種人來說，對事業的滿意度來自這種工作：能隨意與許多人交流；工作中充滿冒險和樂趣，能冒險和隨時抓住新的機遇；工作中當自己覺得有必要時希望自己組織，而不是聽從別人的安排。

* ESFP —— **外向、感知、感覺、認知型：**這一類人生性愛玩、充滿活力，用自己的陶醉其中來為別人增添樂趣。他們適應性強、平易隨和，可以熱情飽滿地同時參加幾項活動。他們不喜歡把自己的意志強加於人。

對於這類人來說，適合的工作是：能在實踐中學習，利用

常識搜集各種事實來獲得問題的解決方案的工作。他們喜歡直接與顧客和客戶打交道；能同時在幾個項目或活動中周旋；尤其愛從事能發揮自己審美觀的項目或活動。

* ENFP ── 外向、直覺、感覺、認知型：這類人熱情奔放，滿腦子新觀念。他們樂觀、率性、充滿自信和創造力，能深刻認知到哪些事可做。他們對靈感推崇備至，是天生的發明家。他們不墨守成規，善於闖新路子。

  ENFP 這類人適合的工作是：在創造性靈感的推動下，與不同的人群合作從事各種專案的工作。他們不喜歡從事需要自己親自處理日常瑣碎雜務的工作，喜歡按自己的工作節奏行事。

* ENTP ── 外向、直覺、思考、認知型：這種人好激動、健談、聰明，是個多面手。他們總是孜孜以求地提高自己的能力。這種人天生有創業心、愛鑽研、機敏善變、適應能力強。

  令這類人滿意的工作是：有機會從事創造性解決問題的工作；工作有一定的邏輯順序和公正的標準。他們希望透過工作能增加自己的權力並常與掌權者交流。

* ESTJ ── 外向、感知、思考、判斷型：這種人辦事能力強，喜歡出風頭，辦事風風火火。他們責任心強、誠心誠意、忠於職守。他們喜歡框架，能組織各種細節工

作，能如期實現目標並力求高效。

ESTJ 類型的人適合做理順事實和政策以及人員組織的工作，能夠有效地利用時間和資源以找出合乎邏輯的解決方案，能夠在目標明確的工作中運用嫻熟的技能。他們希望工作測評標準公正。

* **ESFJ ——外向、感知、感覺、判斷型**：ESFJ 類型的人喜歡透過直接合作以切實幫助別人。由於他們尤其注重人際關係，因而通常很受人歡迎，也喜歡迎合別人。他們的態度認真、遇事果斷、通常表達意見堅決。

   這類人最滿意的事業是：整天與人交往，密切參與整個決策流程的工作。他們的工作目標明確，有明確的業績標準。他們希望能安排自己及周圍人的工作，以確保一切進展得盡可能順利。

* **ENFJ ——外向、直覺、感覺、判斷型**：這種人有愛心，對生活充滿熱情。他們往往對自己很挑剔。不過，由於他們自認為要為別人的感受負責，所以很少在公開場合發表批評意見。他們對行為的是非曲直明察秋毫，是社交高手。

   這種人最適合的工作是：能建立溫馨的人際關係，能使自己置身於自己信賴且富有創意的人群中的工作。他們希望工作多姿多彩，但又能有條不紊地做。

第六章　選對事業成就一生

* ENTJ ── **外向、直覺、思考、判斷型**：這種人是極
  為有力的領導人和決策者，能察覺出一切事物中的各種
  可能性，喜歡發號施令。他們是天才的思想家，做事深
  謀遠慮、策劃周全。這種人事事力求做好，生就一雙銳
  眼，能夠一針見血地發現問題並迅速找到改進方法。
  最令 ENTJ 這類人滿意的事業是：做主管、發號施令，
  做完善企業的運作系統，使系統高效運行並如期達到目
  標的工作。他們喜歡從事長遠戰略規劃，尋求創造性的
  解決問題的方式。

■ 對號入座找工作

* **ISTJ**：審計員、後勤經理、資訊總監、預算分析員、工
  程師、技術作者、電腦程式設計員、證券經紀人、地質
  學者、醫學研究者、會計、文字處理專業人士。
* **ISFJ**：人事管理人員、簿記員、電腦操作員、顧客服務
  代表、信貸顧問、零售業主、房地產代理或經紀人、從
  藝人員、室內裝潢師、商品規劃師、語言病理學者。
* **INFJ**：人力資源經理、事業發展顧問、行銷人員、企業
  組織發展顧問、職位分析人員、企業培訓人員、媒體特
  約規劃師、編輯／藝術指導（雜誌）、口譯人員、社會
  科學工作者。

＊ INTJ：管理顧問、經濟學者、國際銀行業務職員、金融
規劃師、設計工程師、運作研究分析人員、資訊系統開
發商、綜合網路專業人員。

＊ ISIP：證券分析員、銀行職員、管理顧問、電子專業人
士、技術培訓人員、資訊服務開發人員、軟體發展商、
海洋生物學者、後勤與供應經理、經濟學者。

＊ ISFP：優先顧客銷售代表、行政人員、商品規劃師、測
量師、海洋生物學者、廚師、室內／風景設計師、旅遊
銷售經理、職業病理專業人員。

＊ INFP：人力資源開發專業人員、社會科學工作者、團隊
建設顧問、編輯、藝術指導、記者、口筆譯人員、娛樂
業人士、建築師、研究工作者、顧問、心理學專家。

＊ INTP：電腦軟體設計師、系統分析人員、研究開發專業
人員、戰略規劃師、金融規劃師、資訊服務開發商、變
革管理顧問、企業金融律師。

＊ ESTP：企業家、業務運作顧問、個人理財專家、證券
經紀人、銀行職員、預算分析者、技術培訓人員、綜合
網路專業人士、旅遊代理、促銷商、手工藝人、新聞記
者、土木／工業／機械工程師。

＊ ESFP：公關專業人士、勞工關係調解人、零售經理、
商品規劃師、團隊培訓人員、旅遊專案經營者、表演人

員、特別事件的協調人、社會工作者、旅遊銷售經理、
融資者、保險代理／經紀人。

* ENFP：人力資源經理、變革管理顧問、行銷經理、企
業／團隊培訓人員、廣告客戶經理、戰略規劃人員、宣
傳人員、事業發展顧問、環保律師、研究助理、廣告撰
稿員、播音員、開發總裁。

* ENTP：人事系統開發人員、投資經紀人、工業設計經
理、後勤顧問、金融規劃師、投資銀行業職員、行銷策
劃人員、廣告創意指導、國際行銷商。

* ESTJ：銀行高層、專案經理、資料庫經理、資訊總監、
後勤與供應經理、業務運作顧問、證券經紀人、電腦分
析人員、保險代理、普通承包商、工廠主管。

* ESFJ：公關客戶經理、個人銀行業務員、銷售代表、
人力資源顧問、零售業主、餐飲業從業者、房地產經紀
人、行銷經理、電話行銷員、辦公室經理、接待員、信
貸顧問、簿記員、口筆譯人員。

* ENFJ：人力資源開發培訓人員、銷售經理、小企業經
理、程式設計員、生態旅遊業專家、廣告客戶經理、公
關專業人士、協調人、交流總裁、作家／記者、非營利
機構總裁。

＊ ENTJ：人事／銷售／行銷經理、技術培訓人員、後勤／
電腦資訊服務和組織重建顧問、國際銷售經理、特許經
營業主、程式設計員、環保工程師。

我們可以從職業測試中清晰地發現，對於行業的定位，
都是基於自己的性格評估作為依據的，其實這也是因為性格
決定命運的緣故。反過來我們可以發現，即便做這樣的職業
測試，每一次都是在選擇，而且是一次果斷的（不超過十
秒）選擇。但是，這並不是說我們按照這樣測試做出的答案
就一定適合自己，其實它是告訴我們應該按照自己的性格、
興趣愛好去選擇適合自己的工作。

三十而立，立在我們職業的選擇上，立在我們正確的選
擇上。

第六章　選對事業成就一生

第七章　找對朋友激勵一生

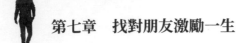

第七章　找對朋友激勵一生

記得某位著名主持人在他的書中曾這麼描述朋友：「朋友，是這麼一批人，是你快樂時，容易忘掉的人；是你痛苦時，第一個想去找的人；是給你幫助，不用說『謝謝』的人；是驚擾之後，不用心懷愧疚的人；是對你從不苛求的人；是你從不用提防的人；是你敗走麥城，也不對你另眼相看的人；是你步步高升，對你稱呼從不改變的人。」

是的，這就是我們應該找的朋友，激勵一生的朋友。有了他們，傷心時，相互激勵高歌〈朋友別哭〉；開心時，買醉後一起引吭〈朋友〉……

找呀找呀找朋友

對於我們絕大多數人來說，出生時沒有投胎到豪門，長大後也沒有娶到富家女（或嫁給「黃金單身漢」）。沒有這些外界助力的人就只能靠自己的雙手獨立「殺」出一條路了嗎？

不，你還有外力可以依靠，那就是好朋友。一個人的能耐有限，倘若善於整合朋友資源，互通有無，共同進步，其能力是以幾何倍數增加的。投胎豪門，那是命；娶到富家女，那是緣。這些都是人力所難控制的。唯有結交好朋友這一點，是我們所能掌握的。

結交朋友，拓展人脈，帶給你的絕對不僅僅是牽線搭橋或關鍵時候的出手相助那麼簡單直接。事實上，你的朋友還能決定你的眼光、品味、能力等內在的東西。朋友的影響力

非常大，可以潛移默化地影響一個人的一生。身邊朋友的言行，如滴水穿石般、矢志不渝地影響著我們的思路、眼光、做人的方式與做事的方法。

在我們的人生旅途中，為我們「兩肋插刀」的是朋友，給我們「心口插刀」的往往也是朋友。前者是好朋友，後者是「壞朋友」。可要如何才能分辨呢？

■ 用「時間」來看人

「路遙知馬力，日久見人心」，所謂用「時間」來看人，是指長期觀察，而不在見面之初就對一個人的好壞下結論。因為太快下結論，會因你個人的好惡而發生偏差，影響你們的交往。另外，人為了生存和利益，大部分都會戴著假面具，和你見面時便把假面具戴上，這是一種有意識的行為。這些假面具很有可能只為你而戴，演的也正是你喜歡的角色，如果你據此判斷一個人的好壞，並進而決定和他交往的程度，那就有可能吃虧上當了。用「時間」來看人，就是在初次見面後，不管你和他是「一見如故」，還是「話不投機」，都應該保留一點空間，而且不摻雜主觀好惡的感情因素，然後冷靜地觀察對方的作為。

一般用「時間」特別容易看出以下幾種人：

* **不誠懇的人**：因為他不誠懇，所以會先熱後冷，先密後疏，用「時間」來看，可以看出這種變化。

＊ **說謊的人**：這種人常常要不斷用謊去圓前面所說的謊，而謊言說久了，就會露出首尾不能兼顧的破綻，而「時間」正是檢驗這些謊言的利器。

＊ **言行不一的人**：這種人說的和做的是兩回事，只要亮出「時間」這一法寶，便可發現他的言行不一。

■ 用「打聽」來看人

用「時間」來看人固然有其可靠之處，但有時也會緩不濟急——明明過幾天就要決定和某個人合作，可是又不知其為人如何，用「時間」來長期觀察，哪來得及啊？碰到這種情形，有人完全憑直覺，認為好就是好，不好就是不好。

關於直覺，有的人相當準確，這是一種很妙的心理現象，很難去解釋，不過還是勸你少用「直覺」去看人，哪怕你過去的直覺經驗是準確的——過去的經驗準確並不代表以後每次也都很準確。因為人的生理、心理狀況會受到當時環境的影響，有可能你的直覺受到了干擾，在這種情況之下若還依賴直覺，那是很危險的。

比較可靠的辦法是——向各方打聽。

人總是要和其他人交往，同時本性也會暴露在不相干的第三者面前。也就是說，他不一定認識這第三者，可是第三者卻知道他的存在，並且觀察了他的思想和行為。人再怎麼戴假面具，在沒有舞臺和對手的時候，這假面具總是要拿下

來的，所以很多人就看到了他的真面目；而當他和別人交往、合作時，別人也會對他留下各種不同的印象。因此你可向不同的人打聽，打聽他的為人、做事和思想。每個人的答案都會有出入，這是因為各人好惡有所不同的原因。你可把這些打聽來的資訊彙集在一起，找出交集最多的地方，就可以大概了解這個人的真性情。

不過打聽也要看對象，向他的密友打聽，你得到的當然都是好話；向他的「敵人」打聽，你聽到的當然壞話較多。最好能多問一些與之無利害關係的人，不一定是他的朋友、同事、同學、鄰居，誰都可以問，重要的是，要把問到的情況綜合起來看，不可只聽某一個人的話。

當然，打聽也要有技巧，問得太直白，會引起對方的戒心，而不會告訴你真話，最好用聊天的方式，並且拐彎抹角地問。這種技巧是需要磨練的。

■ 用「投其所好」來看人

看人的竅門很多，也不是人人能懂，但有一則《伊索寓言》裡的故事卻很值得參考。故事是這樣的：

有一個王子養了幾隻猴子，他訓練牠們跳舞，並給牠們穿上華麗的衣服，戴上人臉的面具。當牠們跳起舞來時，逼真精彩得像人在跳舞一樣。有一天，王子讓這些猴子跳舞，供朝臣們觀賞，猴子的精彩演出獲得滿堂的掌聲。可是其中

有一位朝臣故意惡作劇，丟了一把堅果到舞臺上去。這些猴子看見了堅果，紛紛揭掉面具，搶食堅果，結果一場精彩的猴舞就在朝臣的嘲笑中結束了。

這一則寓言說明了猴子的本性並不因為學習舞蹈和戴上面具而改變，猴子就是猴子，看到堅果就原形畢露。

如果把人比成這故事中的猴子，人不是也戴著假面具在人生的舞臺上表演嗎？因此小人戴上面具，會讓你以為他是君子；惡人戴上面具，會讓你誤以為他是善人；好色之徒戴上面具，會讓你誤以為他是正人君子。真是令人防不勝防！

我們為人處世，雖然要求害人之心不可有，但防人之心卻不可無，因此識破假面具的功夫也就不能不修煉了。我們不妨用前面所述寓言的道理來看人，那就是 —— 投其所好！

猴子不改其好吃堅果的本性，因此看到了堅果，就忘了牠正在跳舞娛人。人的表現雖然不會像猴子那麼直接，但不管他怎麼偽裝，碰到他心儀的東西，他總會無意識地顯現出他的真面目：好色的人平時道貌岸然，但一看到漂亮的女性就兩眼色瞇瞇，言行失態；好賭的人平時循規蹈矩，但一上牌桌就廢寢忘食，欲罷不能。不是他們有意顯露這種喜好，而是一看到所好之事或所好之物就忍不住要掀掉假面具 —— 就像那群猴子。在實際運用上，你可以在刻意安排的情境中去了解其所好。若某人真的有某方面的喜好，假面具至少要

掀掉一半，你便可以從其表現來推斷他其他方面的特點，作為與他來往的參考。有些商人就是用這種方法來掌握客戶的。

其次是遠離特質不良的人，正所謂「近朱者赤，近墨者黑」，我們只有遠離了特質不良的人，結交卓越之士，他們才會成為我們的精神食糧，在我們困頓的時候得到他們的激勵。那麼哪些人，我們應該儘早遠離的呢？

* **靠不住的朋友應斷交**：交朋友時應注意兩廂情願，不要強求。朋友的類型有多種，但友情是互相的，即你的付出應有相應的回報。朋友之間應互愛互重，互諒互信。有些朋友在短期內似乎與你關係不錯，但時間一長便發現他靠不住，在這種情況下，應該機立斷，與之斷交。

* **志不同道不合難深交**：真正的朋友，要有共同的理想和抱負，共同的奮鬥目標，這是兩人結交的基礎。如果兩人在這方面相差極大，志不同道不合，是很難有相同話題的。如果兩人的興趣也不同，在交往時彼此只能互相容忍，無法互相欣賞，難以長久交往。

* **俗友不深交**：朋友之間的談話多涉及興趣、愛好、志向及對某一事物的看法。如果朋友只跟你談物質利益，談錢，則可將之歸於「俗友」之列。「俗友」對你雖無大害，但長期交往下去，一則浪費你的時間，二則難免使

第七章　找對朋友激勵一生

你變「俗」，因此不易深交。況且這種「俗友」一般都很現實，當你處於危難之時，他不會對你伸出援救之手支持你、幫助你，對這種朋友，僅做一般應付即可。

＊ **悖人情者不應交**：親情、愛情都是人之常情，如果一個人的行為顯示出他在人之常情中處事的態度十分惡劣，那麼這種人是不能交往的。這種人往往極端自私，為達到目的不擇手段，並慣於過河拆橋、落井下石，因此這種人不可交。

＊ **勢利小人不屑交**：勢利小人的通病是，在你得勢時，他錦上添花；當你落魄時，他落井下石。他不懂得什麼是真誠，他只知道什麼是錢權利，因此不屑與這種人交往。

＊ **酒肉朋友不可交**：酒肉朋友是當你能給他實惠時，他們看上去與你的感情很好，但當你真正需要他們幫忙時，他們則會躲得遠遠的一類。交上這類朋友只會讓自己既丟面子又丟錢。

＊ **兩面三刀不能交**：有的人慣於表面一套，背後一套，對於這樣的人，我們應該倍加小心，更別說與他成為朋友了。

最後，經過這樣篩選後，我們所交的朋友就會成為攙扶一生的朋友。當然，人心是會隨著環境變化的，所以在我們結識朋友後，應該清醒地認知到什麼樣的朋友能夠成為知己，什麼樣的朋友只是君子之交，這樣才能知道孰輕孰重。

在成功中，朋友了解我們，在逆境中，我們了解朋友，用蜜來誘你的不是好朋友，忠言諫諍你的才是好朋友。

只因我們是好朋友

友情就是在互助中成長，任何人都會有求人幫忙的時候。在別人需要幫助時，如果我們不去主動幫助別人，而常以自我為中心，當我們需要幫忙時，又怎能得到朋友的幫忙呢？朋友的互助是什麼？是滴水之恩，湧泉相報。

「孤掌難鳴」告訴我們在社會交際中，一個人是不可能離開團體而獨立生存的。我們必須有一個良好的交際氛圍作為支撐，找一些可以為我們鼓掌的人。

「一個籬笆三個樁，一個好漢三個幫」，古往今來，沒有誰能靠自己的力量撐起一片天。劉邦重用張良、韓信、蕭何，得以創建帝業；劉備重用孔明、關羽、張飛、趙雲，得以三足鼎立天下；宋江是一遇大事就手足無措，不知「如何是好」的主子，幸有梁山一百零八位兄弟輔佐才占據八百里水泊；唐三藏西天取經，沒有孫悟空一路降妖伏魔，豬八戒、沙和尚的鞍前馬後，豈能取得真經，普度眾生？在當今社會，人際交往的廣泛度成為衡量一個人能否在事業上成功的關鍵。友誼成了人人都盼望擁有的財富，朋友成了一生不可或缺的精神支柱。

第七章　找對朋友激勵一生

在越南戰爭中，由於飛機的狂轟濫炸，一顆炸彈被扔進了一個孤兒院，幾個孩子和一位工作人員被炸死了，還有幾個孩子受了傷，其中有一個小女孩流了許多血，傷得很重，需要輸血，但是醫生帶來為數不多的醫療用品中沒有可供使用的血漿。

於是，醫生決定就地取材，替在場的所有的人驗了血，終於發現有幾個孩子的血型和這個小女孩是一樣的。可是，問題又出現了，因為那個醫生和在場的護士都只會說一點點的越南語和英語，而孤兒院的工作人員和孩子們只聽得懂越南語。

醫生盡量用自己會的越南語加上一大堆的手勢告訴那幾個孩子：「你們的朋友傷得很重，她需要血，需要你們給她輸血。」終於，孩子們點了點頭，好像聽懂了，但眼裡卻藏著一絲恐懼。於是，醫生告訴他們誰願意捐血就舉一下手。可孩子們沒有人吭聲，沒有人舉手表示願意捐血。女醫生沒有料到會是這樣的結局，一下子愣住了。為什麼他們不肯捐血來救自己的朋友呢？難道剛才對他們說的話他們沒有聽懂嗎？

忽然，一隻小手慢慢地舉了起來，但是剛剛舉到一半卻又放下了，不久又舉了起來，再也沒有放下了！

醫生很高興，馬上把那個小男孩帶到臨時的手術室，讓他躺在床上。小男孩僵直地躺在床上，看著針管慢慢插入自己細小的手臂，血液一點點地被抽走，眼淚無聲地順著臉頰流了下來。

醫生緊張地問是不是針管弄痛了他。他搖了搖頭，但是眼淚還是沒有止住。醫生開始有點慌了，因為她總覺得有什麼地方肯定弄錯了，但是到底錯在哪裡呢？針管是不可能弄傷這個孩子的呀！

關鍵時候，一個越南護士趕到了這個孤兒院。醫生把情況告訴了越南護士。越南護士急忙低下身子和床上的孩子交談。

不久後，孩子竟然破涕為笑。原來，那些孩子都誤解了女醫生的話，以為她要抽光一個人的血去救那個小女孩。一想到自己很快就要死了，小男孩才哭了出來。醫生終於明白為什麼剛才沒有人自願出來捐血了。

但是她又有一件事不明白了。「既然以為捐過血之後就要死了，為什麼他還自願出來捐血呢？」醫生問越南護士。

於是越南護士用越南語問小男孩。小男孩不假思索地回答。回答得很簡單，只有幾個字，但卻感動了在場的所有人。

他說：「因為她是我最好的朋友！」

讀了這個故事不禁讓人動容。只因為「我們是好朋友」，就可以為對方付出自己的一切包括最寶貴的生命。

魯迅先生曾經這樣說過：「人生得一知己足矣！」這句話道出了朋友的可貴之處。良好的交際網路，能在你最沮喪、最無助的時候，給予你安慰；在你最需要幫忙時，竭盡全力地幫助你；就像是在冰天雪地的寒冬獲得了一縷陽光，

在乾涸孤寂的沙漠中尋覓到一片綠洲。

有一把傘撐了很久，雨停了還不肯收。有一束花聞了很久，枯萎了也不肯丟。有一種友情，希望到永遠，即使青絲變白髮，也能在心底保留。

患難之交最難得

有兩個人非常要好，彼此不分你我。一日，他們走進沙漠，乾渴威脅著兩人的生命。上帝為了考驗他們的友誼，就對他們說：「前面有一棵樹，樹上有兩個蘋果，一個大的，一個小的，吃了大的可以走出沙漠。」兩人開始爭執，可是誰也沒有說服誰，最後兩個人在疲勞中睡著了。

不知過了多久，其中一個醒來，卻發現朋友不見了。他急忙走到了「那棵樹下」，摘下一個蘋果，一看，很小很小。他頓時感到朋友辜負了自己，但當他追上朋友的時候，朋友已昏迷過去了。他便上前抱起了朋友，看到他朋友手中的蘋果比自己的還小。最後，他們都通過了上帝的考驗，成為最好的朋友，並且都走出了沙漠。

患難見真情，能夠共患難的朋友才是真正的朋友，這種朋友你一定要重視與珍惜。不過，患難之交畢竟是少之又少。因此，我們也不能將擇友的焦點對準「患難之交」，適度地拓展視野才是明智的選擇。

有一個仗義的廣交天下豪傑的武夫。臨終前對他兒子

說：「別看我自小在江湖闖蕩，結交的人如過江之鯽，其實我這一生就交了一個半朋友。」

武夫的兒子納悶不已。他的父親就貼近他的耳朵對他說：「你按我說的去見見我的這一個半朋友，朋友的要義你自然就會懂得。」

武夫的兒子先去了他父親認定的「一個朋友」那裡。對他說：「我是某某的兒子，現在正被朝廷追殺，情急之下投身你處，希望予以搭救！」這人一聽，不加半點思索，趕忙叫來自己的兒子，喝令兒子速速將衣服脫下，穿在眼前這個並不相識的「朝廷要犯」的身上，而自己的兒子卻穿上了「朝廷要犯」的衣服。

武夫的兒子明白了：在你生死攸關的時刻，那個能與你肝膽相照，甚至不惜割捨自己親生骨肉來搭救你的人，可以稱作你的一個朋友。

武夫的兒子又去了他父親說的「半個朋友」那裡。把同樣的話訴說了一遍。這「半個朋友」聽了，對眼前這個求救的「朝廷要犯」說：「孩子，我救不了你，我給你足夠的盤纏，你遠走高飛快快逃命去吧！我保證不會告發你。」

武夫的兒子明白了：在你患難的時刻，那個能夠明哲保身、不落井下石加害你的人，可稱作你的半個朋友。

世界上用得最普遍的名詞是朋友，但是最難得到的也是朋友。因為一個好朋友常常是在逆境中獲得的。

異性朋友如何選

　　俗話說：「男女搭配，工作不累」，不是沒有道理的。自然界締造了男人和女人，就決定了男女的性別之分。因此，在現實的社會生活中，只交同性朋友，可以說人與人之間交往的大門只打開了一半，何不把交往的大門全打開呢？

　　其實並非我們不願意打開，而是擔心異性朋友走得太近，惹來太多的流言。我們時常會聽到有人這樣埋怨：「莫名其妙，我一回到家，老婆就打翻醋罈子。我跟她不過是朋友關係，更何況現在是因為工作關係才走得這麼近……」

　　男人和女人可以成為朋友嗎？

　　回答是肯定的。除了愛情，成為朋友是人與人之間最好的、最恰當的交往方式。

　　結交異性朋友是當今社會開放的一種新型的社交現象。過去那種男女授受不親的時代已經過去了，現在我們經常能看到社交場合中男女握手為友，彼此平等交往，共謀大業，這展現了開放時代的開放精神。

　　一位女性這樣說：「我很幸運，我有好幾個男性朋友 ——我們可以撇開性別的禁忌，無拘無束地談論我們最隱私的思想和情感。如果我說出一個閃過腦際的很瑣碎的想法，諸如『我是不是該剪頭髮了？』或『你覺得我該怎麼布置這間屋子？』他們聽了不會打呵欠，也不會對我的問題避而不答。

我的男性朋友們總是不帶任何評判和責備地傾聽我對他們訴說我的恐懼、我的擔心、我的各種問題和莫名其妙的煩惱，而我也是以同樣的方式對待他們。」

一位男士也說：「我發現我與女性朋友之間的友誼，在一定程度上要比我和女人的戀愛關係更令人滿意，因為友誼關係中沒有情感的糾葛，雙方都比較冷靜，能夠不為情緒左右。」

應該承認，男女間除了愛情與親情的關係，還可以有一種真誠的友誼存在。異性朋友可以互補互敬，互相促進。但由於異性之間的友誼存在著發展成愛情的可能，加之時下的一些不正之風的影響，所以異性之間的朋友關係讓人望而卻步。人們在談論異性友誼時就會產生懷疑或畏懼。但是我們就因此去逃避異性的友誼嗎？答案是否定的。人一生除了愛情、婚姻之外，沒有感受過或享受過其他的異性友誼，這種生活注定是乾癟的。

異性的友誼之所以美好，首先是因為異性友誼是美酒，有時比愛情、婚姻更芬芳，比同性友誼更醇香。愛情的空間比較狹小，往往本能地帶有自私性；同性朋友的趣味比較單調，而且難免有利害關係。異性友誼往往是一種輕鬆的情感，因此也可能沉浸在共同事業、相互欣賞的美好風光中。

其次，異性友誼的性別差異，既可以是對性格缺欠的一種互補，也可以是對美好人際關係的一種潤滑。女性軟弱時，男性對她的鼓舞可以使她堅強；男性暴躁時，女性對他

的規勸可以使他溫順；女性憂傷時，男性對她的開導可以使
她樂觀；男性疏忽時，女性的提醒可以使他細膩。性別差異
本身就是人生的一種色彩，有助於人冷靜和理性。

　　男人之間的友誼很奇怪，無論兩個人多麼好，只要他們
的老婆不和，他們的友誼就會淡下去，而異性朋友之間的友
誼卻能長久得多。

第八章
挑對伴侶幸福一生

抓不住愛情的我

總是眼睜睜看它溜走

世界上幸福的人到處有

為何不能算我一個

……

當我們撕破嗓門唱著〈單身情歌〉時，我們會去羨慕那些因為選擇對了戀人而幸福的人，會去憐惜在愛中因為錯選而失落傷心的人。那麼我們該如何去選擇一個「最愛的，深愛的，相愛的、親愛的人」，幸福一生呢？

多多留心「潛力股」

自古以來，英雄與美女之間演繹多少動人的故事。而美女慧眼識英雄，更是被人們傳為佳話，唐初美人紅拂女蕙心紈質，因戰亂隨父母從江南流落長安，迫於生計被賣入司空楊素府中成為歌妓，因喜手執紅色拂塵，故稱作紅拂女。楊素是北朝和隋朝政壇上的一個通天人物，更是一個興風作浪的高手。

李靖是三原地方一位文武雙全的年輕人，身材魁梧，儀表堂堂，飽讀詩書，通曉天下治亂興國之道，還練就一身好武藝，精通天文地理與兵法韜略，胸懷大志卻一直苦於英雄無用武之地。後來隋朝穩定下來，他決定離開家鄉投身長安，以圖施展抱負，為國效命。

　　李靖到了長安，由於國政大權基本掌握在楊素手中，於是他找到楊素自我推薦。誰知楊素老邁昏庸，並不怎麼欣賞他。倒是楊素身邊的紅拂女目睹李靖英爽、見解出眾，心中大為傾慕。等李靖鬱悶地離開楊素府第，紅拂女連夜就找到李靖的客棧，投奔了他，並與之結為連理。李靖後來幫助李淵父子打天下，為唐王朝的建立與鞏固立下了赫赫戰功。唐朝建立後，李靖被封為衛國公，地位尊貴。這就是千百年來膾炙人口的「紅拂夜奔」的故事。

　　紅拂女作為封建桎梏中的一個弱女子，用自己過人的眼光與魄力，為自己爭得了愛情，並贏得了一個海闊天空的未來。對於我們來說，其借鑑的意義在於找個有前途的伴侶，與之結下深厚情誼。這種「慧眼識英雄」的「投資」，好比現在的炒股一樣，當然，在茫茫的人海中，找到「潛力股」，絕對需要眼力。

　　於千萬人之中，遇見你所要遇見的人；於千萬年之中，時間無涯的荒野裡，沒有早一步，也沒有晚一步，剛巧趕上了，沒有別的話可說。唯有拿出勇氣說一聲：「我愛你！」

白送也不要的幾種男人

　　俗話說：君子有所為有所不為。大意是君子在修身時，要知道哪些能夠做而哪些堅決不能夠去做。作為女子，也應該「有所愛有所不愛」。對於以下所列的十三種男人，你一

第八章　挑對伴侶幸福一生

定要將其歸在「有所不愛」之列。哪怕他非常帥氣，還有不少錢，你也要對他們採取敬而遠之的態度。

* **非常酷、非常深沉的偽裝男**：他們經常是一副莫名痛苦的模樣，憤世嫉俗。他們生活在自以為是的悲慘世界裡，痛苦得死去活來，追求一種永遠也得不到的境界。他們與女人相處的時候，總是若即若離，使對方痛苦不堪。他們善於欺騙嚮往愛得轟轟烈烈的女人，可是他們轟轟烈烈的愛情僅僅是曇花一現。

* **過分追求事業的成功男**：有事業有地位的男人是最受女人青睞的，可是如果過分看重事業的男人，往往會犧牲個人情感。這種過分追求事業的男人的擇偶是有條件的，因而不是真正能夠患難與共的伴侶。

* **浪子型的壞人男**：他們交際很廣，從來都沒有打算一輩子廝守著一個女人。可是「男人不壞、女人不愛」，許多天真的女人往往躍躍欲試，想用真情或者純情去感化他們、捆住他們，但這只不過是女人一廂情願的做法。

* **大男子主義的自大男**：他們喜歡「吆喝」，一副「大丈夫何患無妻」的模樣。這種男人如果只是表面上這樣，而你的確愛他，那就遷就與維護一下他的尊嚴吧！如果骨子裡也是如此，那麼做他的妻子就慘了。

* **油腔滑調的大嘴男**：這種男人甜言蜜語，虛偽地恭維每

一個女人，使人渾身起雞皮疙瘩，沒有一點誠意。可是，許多女孩就喜歡這一套，嚴重暈船，偷偷地沾沾自喜。平時與這種男人應酬，當朋友還不錯，如果把他們的話太當真可就糟了。

* **有很多女性朋友的蜜蜂男**：他們對每一個女人都非常關照，就像一個中央空調。男女之間是不是有真正的友誼還需要探討，但若他對每一個「紅顏知己」或者「好妹妹」都鉅細靡遺地照顧，無疑會沒有更多的閒暇顧及你。

* **太注意自己形象的打扮男**：穿著隆重得體，出門以前總是梳三次頭再照三次鏡子。表面上他是為了取悅女人，其實他最關心的人是他自己，而且十分自私，很少會顧及到別人的感受。

* **有嚴重戀母情結或女性化的媽寶男**：這種男人在年幼時和母親接觸太多或者是太缺乏父愛了，故在長大成人後做什麼事都留有母親的影子，他們缺乏獨立的意識，應變能力很差，做事沒有充足的信心。因為過於戀母，他們的行為與心理都變得女性化，這從他們的外表與喜好就可以看出來。例如，他們喜歡穿質地柔軟的羊絨織物，愛竊竊私語，厭惡運動，喜歡收看電視連續劇。和這種缺乏男子氣概的男性交往，你不僅感覺他不像男人，也會覺得自己越來越不像女人了。

＊ **志大才疏的浮誇男**：這種男人好高驚遠、誇誇其談。他
　們把自己的生活安排得很滿，工作、交友和娛樂活動無
　一錯過，並且都想趕在潮流的最前線。而他們往往缺乏
　內涵，沒有真才實學，因此用讓許多事情來充塞時間，
　給別人一種成功男士的假像。和這樣的男人一起生活，
　時間一久就會發現他只是一個假好男人，這種男人一生
　都不會有什麼出息。

＊ **不修邊幅的藝術男**：這種男人非常有才華，他們具有豐
　富的想像力，往往成為令眾人仰慕的藝術家。他們覺得
　自己獨一無二，行動與思想都非常另類。但是他們卻不
　太注重外表，或許想展現自己的與眾不同，留著長髮，
　衣服也很破爛，很長時間不洗澡的樣子；並且他們太陶
　醉於藝術創作之中，很容易忽略你的存在。和他生活在
　一起，往往感受到這並非真正的生活，你根本不能接受
　他的想法，更無力去改變他。

＊ **急於結婚的飢餓男**：這種男人通常和你約會幾天，甚至
　數個小時以後便會向你求婚。剛開始他會表現得非常紳
　士、非常浪漫，與你在沙灘上漫步，送你一束鮮花，替
　你預備晚餐，甜言蜜語地說「我愛你」。可是如果你真
　的嫁給了他，就會發現他所做的一切全是表面化的。結
　婚以後，他馬上會完全改變，總是挑剔，喜怒無常，並

且他從不認為自己有錯。因此，對於這種男人應該趁早避開，特別是經歷過多次婚姻的男人。

* **金錢至上的拜物男**：他們什麼事都以金錢為第一，似乎有了錢就有了一切，物質上全都滿足了，精神上卻是十分空虛的。和這種男人在一起，女人往往也會變得很空虛。

* **心理不健全的幼稚男**：心理不健全的男人絕不要妄加選擇，與他們一起生活非常痛苦。常見的心理不健全的男人有以下幾種。

· **心胸狹窄**：不准妻子和其他男人稍有接觸。

· **心理陰暗**：為了達到目的，往往使用卑劣手段卻不以為恥。

· **膽小懦弱**：無所作為，被他人瞧不起。

· **酗酒賭博**：失去理智，容易被旁人或者環境擺布，對妻子缺乏依附感。

應敬而遠之的幾種女人

對於男人來說，在尋覓紅顏時，也應該對某些女人採取敬而遠之的態度。

■ 孩子氣型

這類女人外表已經成熟，內心卻非常幼稚，天真單純、無憂無慮，有人愛她更是得意非凡，但她卻不適合管理家

務。男人娶了她，就得準備親自處理家務事，家中才可能井井有條。當然，如果你娶妻只是想找個溫柔的小女人回來疼愛，那這類女人很合適。

■ 情緒化型

這類女人十分情緒化，一下子滔滔不絕，一下子沉默寡言；一下子神采飛揚，一下子黯然神傷；一下子對什麼都感興趣，一下子又對什麼都索然無味。情緒非常善變，而且來得驟然，令人無法捉摸。如果你沒有相當的寬容大度、男子氣概和抗壓性，就最好別與她結為夫妻。

■ 看透一切型

這類女人可能受過挫折，自覺已看透世情，心中有很重的滄桑感。菸酒皆嗜，在刺激中反而能鎮定下來。對這類女人，如果你沒有足夠的錢財、寬容是娶不得的。

■ 自戀型

自戀型就是與自己戀愛、自我欣賞，認為「我最漂亮」。希臘神話中的美少年納西瑟斯就只跟自己談情說愛，最後竟戀上自己的美貌，難以遏止，溺死水中。自戀型女人就有愛戀自己容貌的問題，而且往往還頗為自負，為裝扮容貌外形不惜花費大量錢財，耗去無數時間。她最大的願望是吸引所有男人都向她行注目禮。迷死所有的男人是她做人的

目的。男人奉承，她就飄飄然，眉開眼笑，以滿足自己的虛榮心。

此外，這類女人還是醋罐子。她可以向異性大送秋波，丈夫管不得，而丈夫稍有「異動」，比如多看了某女服務生兩眼，她就會醋性大發。

娶了這類女人為妻，你今生就休想安寧。這反映了西元一七〇〇年代某位法國文學家、歷史學家的一句話：「美人對眼睛來說是極樂，對心靈來說是地獄，對腰包來說是煉獄。」

■ 拜金型

這類女人想方設法拚命花男友的錢。男友的錢在她身上花得越多，她就越有征服感，而征服欲也就更大。待男友無法提供金錢，她就會離他而去，再與別的男人談戀愛。這類女人拜金，而金錢卻未必能買到她的愛。她願意做你的太太，十之八九是因為你財大氣粗；待她碰到一個比你更財大氣粗的，或待你變得窮困潦倒時，說不定又要飛向別的枝頭做「鳳凰」了。

在愛情的問題上，往往沒有誰對誰錯，愛情只是一種緣分。緣至則聚，緣盡則散。但你是可以選擇去結什麼緣的。

重談「門當戶對」的老調

　　貓頭鷹派媒人去見鷹，請求牠把女兒嫁給小貓頭鷹做妻子。

　　媒人傳話說：「鷹是白晝之王，貓頭鷹是夜晚的魁首，兩家門當戶對，正好可以做姻親。」經過一番勸說，鷹答應讓女兒出嫁。

　　到了舉行婚禮的日子，白天，當新郎的小貓頭鷹怕光，眼睛睜不開，什麼也看不見，讓客人們都嘲笑牠；到了晚上，作為新娘子的鷹怕黑，睜大著眼睛，卻什麼也看不清，又引起了來賓的陣陣哄笑。

　　結果這一對新婚夫妻沒等進入洞房就離婚了。

　　現代社會中，選擇什麼樣的對象結婚，表面看來是完全「自由」的，其實不然。各種有形無形的限制充斥於擇偶過程的始終。社會、家庭、學校、鄰居、朋友、大眾傳播媒介等，都在對個人的擇偶意識和擇偶行為施加影響。各種主客觀因素錯綜複雜地交織在一起，左右著年輕人對婚姻伴侶的最終選擇。

　　首先值得注意的是，從古至今，「同源婚」即「門當戶對」的規範一直在影響著人們擇偶的範圍，也就是說，每個人都在自覺或不自覺地在其所屬的某個特定的階級、階層或團體範圍內去選擇婚姻伴侶。年輕人在社會化的過程中就逐

漸學會和接受了這種規律，在擇偶時自然會根據自己的「門戶」條件去篩選淘汰各種各樣的異性，確定比較「般配」的候選人。家庭作為承襲和傳遞一整套社會文化價值的場所，是個人社會化的首要觀察環境，其成員的個性、氣質、價值觀和行為方式上留下深深的烙印，對他們一輩子的生活都有著程度不同的影響。家庭背景相差甚遠的男女結合，相處容易遇到麻煩，雙方在氣質和興趣上的差距會為夫婦調合帶來特殊的困難。並且，我們的家庭的親屬關係極為密切，小家庭即使在獨立生活時，也與雙方原來的家人保持著聯繫，大家庭的影響力仍然存在。在非「門當戶對」的婚姻中，夫婦的價值觀衝突，角色觀念不一致，興趣愛好和生活習慣也不同，這些不僅是夫婦失和的原因，而且是導致姻親關係惡化的潛在因素。對於那些不得不與一方家長同住在一起的夫婦來說，問題就更加突出了。

有人說，我們曾批判過封建時代的「門當戶對」，為何現在還要舊話重提。其實，過去批判的是等級觀念、門第思想，是政治、經濟上的不平等和歧視。但不同人群在思想文化上的差異，是無法透過批判而消除的。這種思想文化的差異，正是決定著現代夫妻是否般配和婚姻是否和諧的重大因素。

世間不存在十全十美的選擇，但是世間萬物正是在選擇中進化的，缺少選擇就缺少生命和歷史，就會缺少發展的韻律。

當婚姻如雞肋般無趣

　　所有關於王子與公主的美麗童話，不管中間的內容是如何不同，最終的結果一定是他們終於在一起。至於在一起後的故事，要麼是語焉不詳地說「過著幸福快樂的生活」，要麼乾脆戛然而止。有些人認為，婚姻不是什麼好東西，至少沒有愛情那麼唯美。但我們放下高談闊論直面生活的時候又會發現，沒結婚的大都忙著找對象談戀愛，期盼早結美滿良緣；結了婚的生兒育女買房購車，小日子過得忙碌，在「墳墓」和「火炕」裡待得好好的。當然，也有占婚姻總數百分之十的人離婚了，但仔細一想，這是婚姻本身的錯嗎？

　　這個世界上恐怕沒有誰是為了仇恨而相愛，為了離婚而結婚的，但是，走入「圍城」的男男女女們總是會發出「相愛容易相處難」的感嘆。有時，家似乎變成了一個沒有硝煙的戰場，夫妻如對壘的兩軍。身處尷尬的圍城當中，你選擇留守還是突圍？

　　有人曾把婚姻分為四種：可惡的婚姻、可忍的婚姻、可過的婚姻和可意的婚姻。第一種因為其特質的低劣讓人忍無可忍，肯定是要解散的，而最後一種則是一種理想，我們常用一個詞來形容 —— 神仙眷屬，但這種婚姻就像一見鍾情的愛情，可遇而不可求。我們的婚姻，大多是可忍或可過的。它當然是不完美的，有缺陷的，讓人心酸而無奈的，繼續下

去不甘心，放棄又有太多的牽絆。它是我們心頭的一根刺，隱隱地痛著，又拔不出。

放棄可惡的婚姻能輕易為自己找到足夠的理由，並因此獲得勇氣。但放棄可過、可忍的婚姻，則需要一點破釜沉舟的果斷，當然，還要有一些賭徒的冒險精神 —— 這是給自己一個機會，還是把自己逼向更危險的懸崖？許多離了數次婚又結了數次婚的人，還是沒有尋找到他們理想的生活，這樣的局面讓他們沮喪，甚至沒有再試一次的勇氣。

據說，現在某些離婚者不需要什麼理由了，如果非得給自己找理由，那或許是：「我們在一起，沒有感覺。」這是一種非常曖昧的說法，也許，在我們看來，他們的婚姻至少是風平浪靜的，是可以心平氣和過下去的，但當事人卻覺得快窒息了，要逃離出來。據說他們是一群完美主義者，他們在尋找一種理想的婚姻狀態，他們採取的是一種置之死地而後生的做法：先斷掉自己所有的退路，然後去找一條通向幸福的捷徑。

但選擇婚姻就像是射箭，無論你感覺自己瞄得有多準，在箭出去之後，它能否正中靶心，誰也不敢肯定 —— 如果當時起了一陣微風，或者箭本身有些小問題，總之，一些不可預知的小意外，常常令結果撲朔迷離。婚姻也充滿了意外，我相信大多數男女在互贈鑽戒的那一刻，心中一定欣喜不已，以為自己的婚姻肯定會是圓滿的。但後來，他可能變

心了，她可能失去了如玉的容顏，某人失業了，某人性格變惡劣了，這些在結婚前沒有預想過的意外，一樣樣地凸現出來，讓人措手不及。

其實，婚姻是一種有缺陷的生活，完美無缺的婚姻只存在於戀愛時的遐想裡，當然，那些婚姻屢敗者也許還固守著這個殘破的理想。上帝總有些苛刻，或者說公平，他不會把所有的幸運和幸福降在一個人身上，有愛情的不一定有金錢，有金錢的不一定有快樂，有快樂的不一定有健康，有健康的不一定有熱情。嚮往和追求美滿精緻的婚姻，就像希望花園裡的玫瑰全在一個清晨怒放一樣。

破壞婚姻也許不如經營婚姻。許多被大家看好的婚姻因為當事人的漫不經心、吹毛求疵、急不可耐很快就被破壞了；而那些在眾人眼裡粗陋不堪的婚姻，因為兩個人用心、細緻、鍥而不捨地經營，就如一棵纖弱的樹，後來居然能枝繁葉茂，鬱鬱蔥蔥。可忍或可過的婚姻大抵也是如此，當事人稍一怠慢，它可能很快就會枯萎、凋零，而雙方用一種更積極的心態去修補、保養、維護，也許奇蹟就會發生。

然而，當一切努力都於事無補，婚姻已經千瘡百孔時，也許放手是最好的選擇。給自己一條生路，也給對方一條生路。

不是因為身處何處何種情境，而是因為精神世界，讓人或高興或悲傷。幸福的人懂得怎樣控制自己的思想，他們不會讓消極的情緒控制自己。

在婚姻的墓碑上寫下愛情萬歲

「婚姻是愛情的墳墓」，在離婚率、外遇率攀升的年代，已經讓越來越多的人迷信這一說法，而心就會越來越陰暗，變得越來越敏感。從而萌生猜疑，讓隔膜變得越來越大，於是便見證了「婚姻是愛情的墳墓」這一越傳越真的「真理」。如果婚姻真的是愛情的墳墓，那麼，我們也要在婚姻的墓碑上寫下愛情萬歲。這樣，我們在婚姻裡也一樣能品嘗到愛情的歡愉與甜蜜。

新婚還不到一年，沙蓮娜和比爾已經開始感受到了愛情被婚姻包圍住以後的枯燥和無奈。但他們都還記得浪漫的新婚之夜──

那天晚上，當他們要求回新婚房間時，主持婚禮的司儀給了他們每人一把鑰匙，這讓他們莫名其妙。他們發現那個用兩顆心疊在一起的鎖十分別致，比爾掏出自己的鑰匙插在左面的鎖孔裡，門鎖不動。比爾讓沙蓮娜試一下也不行，沙蓮娜聰明地說兩個人一起轉動鑰匙，門可能就打開了。果真，打開門，在房間裡等待著的有蠟燭、浪漫的音樂，還有幾個雜誌記者，他們把陶醉在愛情中的比爾和沙蓮娜拍攝成了明星一樣的人物，還上了雜誌封面。

婚後的日子一直被這種快樂和浪漫包圍著，他們都認真地經營著自己的感情，培養著愛情的土壤和花朵。當時間把

第八章　挑對伴侶幸福一生

一切帶有婚後香味的東西漸漸掩蓋後，他們有了爭吵，比爾開始嫌棄沙蓮娜不懂愛情的細節，不懂得在他的咖啡裡多加些糖，而沙蓮娜也發現比爾一直沒注意到她穿了新買的一件裙子，她還發現比爾開始有說話不自然的電話，甚至有時候藉口工作加班不回家吃晚飯，直到比爾提出了分居。

在收拾她自己的東西時，沙蓮娜發現她的那把鑰匙。這是他們新婚之夜酒店贈送給他們的用玉石打製的紀念品，酒店裡給它取的名字叫「幸福鑰匙」。幸福的鑰匙打開幸福的門，沙蓮娜忽然想到了這樣的主意。

比爾也不知道沙蓮娜為什麼心血來潮非要去加州大酒店裡住一個晚上然後才同意分居。他們又一次被分配到了新婚時的那間房。當比爾把鑰匙插進鎖孔時，他一下子回到了一年前。一 —— 二 —— 三，門開了。令比爾意外的是，和他們新婚時一樣的設計，蠟燭和音樂。那個瞬間，一切瑣碎的細節都顯得好笑，而真正的愛情並沒有遠離他們。第二天，婚後的戀愛開始了。「我能再一次請你出去吃飯嗎？」看著比爾的那個姿勢，沙蓮娜一下子笑出了聲。幸福原來是這樣的讓人猝不及防。

在婚姻生活中，因為生活的壓力，心靈間時常會產生隔閡，在我們抱怨對方不理解、冷漠時，我們總是忘記，原來婚姻裡還有一把打開幸福的鑰匙，那就是在婚姻裡不變的愛情。只有在婚姻裡永存愛情萬歲，婚姻才永遠是幸福美滿

的。每一段婚姻都有像比爾他們那樣的幸福鑰匙，哪怕是家徒四壁的婚姻：

　　他和她結婚時家徒四壁，除了一處棲身之所外，連床都是借來的，更不用說其他的傢俱了。然而她卻傾盡所有買了一盞漂亮的燈掛在屋子正中。他問她為什麼要花這麼多錢去買一盞奢侈的燈，她笑著說：「明亮的燈可以照出明亮的前程。」他不以為然，笑她輕信一些無稽之談。

　　漸漸地，日子好過了。兩人搬到了新居，她卻捨不得丟掉那一盞燈，小心地用紙包好，收藏起來。

　　不久，他辭職創業，在商場中廝殺一番後贏得千萬財富。像所有有錢人一樣，他先是招聘了個漂亮的女祕書，很快女祕書就成了他的情人。他開始以各種藉口外出，後來乾脆不解釋就夜不歸宿。她勸他，以各種方式挽留他，都無濟於事。

　　這一天是他的生日，妻子告訴他無論如何也要回家過生日。他答應著，卻想起漂亮情人的要求。猶豫之後他決定去情人那裡過完生日後再回家過一次。

　　情人送他的禮物是一條精緻的領帶。他隨手放到一邊，這東西他早已擁有太多。夜半時分他才想起妻子的叮囑，便匆匆趕回家中。

　　遠遠看見寂靜黑暗的樓房裡有一處明亮如白晝，他看出來正是他的家，一種遙遠而親切的感覺在心中升起。當初她就是這樣夜夜亮著燈等他歸來的。

推開門，她正淚流滿面地坐在豐盛的餐桌旁，沒有絲毫的倦意。見他歸來，她不喜不怒，只說：「菜涼了，我去再熱一下。」

他沒有制止她，因為他知道她的一片苦心。當一切準備就緒之後，她拿出一個紙盒送給他，是他的生日禮物。他打開，是那一盞精緻的燈。她流著淚說：「那時候家裡窮，我買一盞燈是為了照亮你回家的路；現在我送你一盞燈也是想告訴你，我希望你仍然是我心目中的燈，可以一直照亮到我生命的結束。」

他動容了，一個女人選擇送一盞燈給自己的男人，包含著多少寄託與期盼，而他，愧對了這一盞燈。

他終於回到妻子的身邊，放棄了情人。因為他已明白愛是一盞燈，不管它是否能照亮他的前程，但它一定能照亮一個男人回家的路。因為這燈光是一個女人從內心深處用一生的愛點燃的。

找出婚姻生活裡的幸福鑰匙，找出照亮幸福的那一盞燈……在婚姻生活裡，在婚姻的墓碑上寫下愛情萬歲，這昭示著我們幸福的生活。

生活中的幸福之所在是我們一直以來建構的情感網路。只有透過這樣的網路我們才能體驗愛與被愛，才能體會到幸福的所在。

第九章
選份好心情勝過一切努力

生活就是這樣，不管你每一分每一秒都在忙碌，而你擁有的不一定比懂得支配時間的人多。「有心栽花花不開，無心插柳柳成蔭」的生活現象隨處可見。所以在忙碌之餘也別忘了給心靈洗一個澡。選擇一份好心情，去對待生活和工作，這樣便可以讓你事半功倍。

好心情 PK 壞心情

有一個工人在一個伐木廠找到了一份不錯的工作。他決定認真做好這份工作，好好表現。上班第一天，老闆給了他一把斧頭，請他到人工種植林裡去砍樹，這個工人賣力地工作。一整天，他不停地揮舞著斧頭，一共砍倒了十九棵大樹。老闆滿意極了，誇獎他工作十分有效率。工人聽了很興奮，決定工作要更加賣力，以感謝老闆對他的賞識。

第二天，工人拚命工作，他的腿站久了又酸又痛，手臂更是累得抬不起來，可是這樣拚命，卻沒有帶來更好的結果。他覺得自己比第一天還要累，花的力氣還要大，可第二天卻只砍倒了十六棵樹。

工人想也許自己還不夠賣力，如果成績一直下降，老闆一定會以為我在偷懶，所以我要更加賣力才行。第三天，工人投入了雙倍的熱情去工作，直到把自己累得再也動不了為止。可是，讓他失望的是，他只砍倒了十二棵樹。

　　第四天，廠裡又來了一名工人，他每砍一棵樹就休息一下，利用休息的時間，一邊哼歌一邊磨斧頭，沒想到一天下來他竟然砍了二十棵大樹。先來的工人感到很不解於是便向剛來的工人問到：「為什麼你這麼悠閒，我這麼努力，我砍的數量還是沒你的多呢？」

　　剛來的工人說：「隨時保持好的心情，隨時保持鋒利的斧頭，快樂的心情加鋒利的斧頭事半功倍，疲憊的心加遲鈍的斧頭只會事倍功半。」

　　「磨刀不誤砍柴工」，磨刀的時候也別忘了「磨磨」自己的心情。當我們不再鬱悶苦惱而敞開心胸時，就會發現生活輕鬆而饒有情趣。壞心情只會讓我們沉浸在痛苦與埋怨中，然後對生活感到乏味，失去奮鬥的熱情。那麼我們該如何讓自己時刻保持一份好心情呢？其實好心情只是一種選擇，只要我們能在生活中靈活地運用小學所學的四種運算，好心情就會如約而至：

＊ **快樂用乘法**：遇上高興的事都可以用「乘法」來加倍快樂。據專家解釋，笑是一種緩解緊張、進入美妙狀態的客觀實在。發自真心的笑，人的心理才會最放鬆，人體整個神經系統才會從緊張狀態中解放出來。

＊ **苦悶用除法**：凡鬱悶苦痛，應以「除法」儘快地排解，走出情緒低谷。當生活使你感到緊張或不快時，最好找

出主要原因。如一時找不到原因，也不要苦苦思索，等以後有機會再慢慢解決。總之，有了問題要向好的方面想，這樣才可以從情緒的低谷中解脫出來。

* **愛心用加法**：凡友情、恩澤應該使用「加法」顯示德行與情感的程度，讓自己感受溫暖並付出愛心。如很多人離退休後，關心公益事業，經常助人為樂做好事。他們把愛心奉獻給別人，自己也一定會心安理得，胸襟坦然，更有益於身心健康。

* **憂憤用減法**：凡憂憤、憤懣，以「減法」去其重荷，淡化無謂的陰性心理，胸懷自會開闊三分。有的人每月拿退休金不多，卻沒有怨天尤人，平日裡笑容滿面，嘻嘻哈哈，找樂子，尋開心。生活就是這樣，富有富的過法，窮有窮的活法，知足常樂。

好心情是一種心理的調節，就像善於駕車的人永遠不把車開得很快；善於鼓琴的人永不把琴弦繃得過緊；善於養生的人永不使心情日夜緊張。

第二次世界大戰時，溫斯頓‧邱吉爾（Winston Churchill）到北非找伯納德‧勞‧蒙哥馬利（Bernard Law Montgomery）行轅去閒談時，蒙哥馬利說：「我不抽菸，不喝酒，到晚上十點準時睡覺，所以我現在還是百分百的健康。」邱吉爾卻說：「我剛巧跟你相反，既抽菸，又喝酒，而且從不

準時睡覺，但我現在卻百分之兩百的健康。」很多人都引以為怪事，邱吉爾這樣一位身負兩次大戰重任、工作繁忙的政治家，生活這樣沒有規律，何以長壽，而且還百分之兩百的健康呢？

其實只要稍加留意就可知道，他健康的關鍵全在有恆的鍛鍊和輕鬆的心情。他在戰事最緊張的週末還去游泳，在選舉戰白熱化的時候還去垂釣，他剛一下臺就去畫畫，他總是能在最緊張的時候保持一顆平靜釋然的心，讓心情變得舒適。

使心情輕鬆的第一法則是「知止」。「知止」於是而心定，定而後能靜，靜而後能安，靜而且安，心情還有什麼不輕鬆呢？

第二法則是「謀定後動」。做任何事情，要先有個縝密的安排，安排既定，然後就按部就班地去做，才能應付自如，不會既忙且亂了。在這瞬息萬變的社會裡，當然免不了會出現偶發事件，此時更要沉住氣，冷靜細緻地安排。

第三法則是不做不能勝任的事。《史記》的〈酷吏列傳〉裡有「勝任愉快」一詞，合理至切。假如你身兼八職，顧此失彼；或用非所學，心有餘而力不足，心情又怎能輕鬆呢？

第四法則是「拿得起，放得下」。對任何事情都不可一天二十四小時念念不忘，寢於斯，食於斯。不僅於身有害，且於事無補。

第九章　選份好心情勝過一切努力

第五法則是在輕鬆的心情下工作。工作可緊張，但心情須輕鬆。在你肩負重任的時候，千萬記住要哼幾句輕鬆的歌曲。在你寫文章寫累了的時候，不妨放下手中筆，閒逛一時。要知道心情越緊張，工作越做不好。

一個口吃的人，在他悠閒自在地唱歌時，絕不會口吃；一個上臺演講就忘詞的人，在他與伴侶談心時一定會娓娓動聽。要想身體好，工作好，就一定要在輕鬆的心情下工作。

別讓壞心情擋住視線

根據心理學家的研究，我們平均每十天中有三天的壞心情，約百分之五的人每五天中有四天心情不好，只有百分之二的人天天有好心情。我們都知道心情不好的時候，會吃不下飯，會拿不出一點熱情工作，但是我們或許還不知道壞心情有多可怕。我們先來看看這個故事：

一位從日本戰俘營裡死裡逃生的人，去拜訪另一個當時關在一起，後來也幸運逃脫的難友。當他見到難友的時候，發現他還是過得一敗塗地，整天借酒澆愁，活在痛苦裡。他問這位朋友：「你為什麼會這樣痛苦，我原以為你早已經原諒了那群殘暴的傢伙？」

「我之所以痛苦是因為我恨透他們了，這些壞蛋害得我家破人亡，至今想起仍讓我咬牙切齒，恨不得將他們千刀萬剮。」

他的朋友聽了之後，靜靜地說：「若是這樣，那他們仍監禁著你。」

朋友的話讓他一下子明白不應該對過去的事耿耿於懷，對傷害自己的人恨之入骨，而應以一顆寬容的心接受一切、原諒一切。最後，他走出了戰爭的陰影，成為一個健康快樂的人。

當別人傷害我們時，我們一時間心情肯定會變壞。如果我們不把這些事情忘掉，就會像那位朋友一樣被壞心情囚禁一生，擋住了我們前行的視線，遮住了我們生活的希望。

醫學專家在一項調查中發現，百分之八十二點二的癌症病人在患病前曾遭受過負面事件的打擊。如配偶死亡、夫妻不和、生活規律重大改變、工作學習壓力大、子女管教困難、夫妻兩地分居等。一項胃癌配對調查發現，患者都有一個共同點，即胃癌患者都有經常生悶氣的情況。從而說明了不良的精神因素可以導致胃癌的發生，同時各地調查還發現性格開朗、精神健康的人不易罹患胃癌。

壞心情擋住的不僅僅是我們生活的希望，還在扼殺我們的生命。那麼我們應該怎麼調整自己的心情，學會有效地掌握調控心情的策略，從壞心情的情境中走出來呢？

＊ **積極思想**：想想生活中一帆風順的時候，而不是念念不忘不順利的事情。

第九章　選份好心情勝過一切努力

* **回想過去的成功**：回想過去取得的成就，進而激勵自己在未來取得更大的成就。

* **聽音樂**：有很多至少能夠暫時轉移注意力的方式，聽音樂是其中最常用也是最有效的改善心情的方法。

* **鼓勵自己**：不管是大的還是小的，昂貴的還是便宜的，給自己一份鼓勵能使你在情緒低落時的心情為之一振。

* **參加志願工作**：從事志願工作，你能從幫助他人的工作中體驗到快樂，找到良好的感覺。

* **鍛鍊**：體育鍛鍊可以改善壞心情、增強活力和放鬆緊張的神經。

* **想辦法讓自己快樂**：雖然面帶笑容並不能使問題消失，但它確實能幫助你調節心情。

* **向前看**：你雖然不能改變過去，但是能夠從中吸取教訓，在以後的行動中避免再次失誤。

* **對自怨自艾給出最後期限**：告訴自己 —— 我今天上午將為自己感到難過，但到了今天下午，我必須振作起來，重新開始。

　　一種美好的心情，比十服良藥更能解除生理上的疲憊和痛楚。

無心插柳柳成蔭

　　方丈讓小和尚去山下端一碗油回來，並一再強調，一定要端好，灑一點就揍他。小和尚回來的路上全神貫注，一直盯著碗裡的油，生怕灑了一點點。由於小和尚過於緊張，結果事與願違，回到廟裡只剩下半碗油了，於是他受到了方丈的處罰。幾天後，方丈又一次讓小和尚下山，去完成和上次一模一樣的任務，小和尚感到煩惱。這時候一個老和尚來到他的身邊，告訴他：你可以去，但是要把沿途的美景告訴我，我就幫助你度過難關。小和尚半信半疑地走了。一路上，他謹記老和尚的話，仔細地觀察路邊的美景，回到廟裡，小和尚喜出望外，因為他發現碗裡居然還是滿滿的。

　　當一個博弈者用瓦盆做賭注的時候，他的技藝就可以發揮得淋漓盡致；而當他拿黃金做賭注的時候，他則往往大失水準。這就是心理學上的「目的顫抖」，當我們特別想得到某種東西，或者特別想做好某件事時，往往會因為太專注於目標，反倒得不到、做不好。也就是說，當我們特別專注於目標時，離失敗也就不遠了。

　　世界著名的走鋼索人卡爾・瓦侖達（Karl Wallenda）幾乎每一次表演都非常成功。但西元一九七八年他在波多利各首都表演時，從七十五英尺高的鋼索上掉下來摔死了，令人不可思議。後來，他的朋友道出了原因，因為那次有個重要

的人物到場，他在賽前不斷地告誡自己：「我一定不能失敗，我一定要成功！」然而，就在他「一定要成功」的念叨聲中，他卻沒有獲得成功。

聽一個攝影師說過，以前最怕拍團體照，雖然按下快門的一瞬間一再強調：注意，不要眨眼，「一、二、三」咔嚓，很多時候還是有人閉眼。後來他就改了方法：大家先閉眼，一、二、三，睜開。問題一下子解決了。

生活中常常會碰到「有心栽花花不開，無心插柳柳成蔭」的事，「水窮之處待雲起，危崖旁側覓坦途」，給自己一個豁達的心胸，目的和信念就不會顫抖。多一份寬容就少一份計較，多一份沉穩就少一份淺薄，多一份執著就少一點浮躁。

靜聽潮起潮落，笑看日升日落，選擇一顆坦然的心態，在目標面前做到鎮定不驚不乍，這樣便會栽出一村的柳暗花明。

忙到頭還是回到原點嗎

「忙、累……」用盡了所有的詞彙都形容不了朝九晚五無聊的工作。為什麼會累，因為忙了一整天，不知道自己得到了什麼？忙本來就是為了收穫，而努力付出卻一無所獲時，我們就會感覺到累。如果真的累了，那就問問自己天天忙碌是為了什麼？

在一片美麗的海岸邊，有一位商人坐在小漁村的碼頭上，看著一個漁夫划著一艘小船靠岸，小船上有好幾尾大黃

魚。這個商人對捕了這麼多魚的漁夫恭維了一番，並問他要多少時間才能捕這麼多？

漁夫說，不用多久就捕到了。商人再問：「你為什麼不待久一點，再多捕一些魚？」漁夫回答：「這些魚已經足夠我一家人生活所需啦！」商人又問：「那麼你一天剩下那麼多時間都在做什麼？」

漁夫說：「我呀？我每天睡到自然醒，出海捕幾條魚，回來後跟孩子們玩一玩。睡個午覺，黃昏時，晃到村子裡喝點酒，跟幾個朋友暢所欲言，日子過得充實又忙碌呢！」

商人不以為然，給了他建議，說：「我是一個很成功的商人，建議每天多花一些時間去捕魚，到時候你就有錢去買條大一點的船，就可以捕更多的魚，再買更多的漁船，然後你就可以擁有一個漁船隊。到時候你就不必把魚賣給魚販，而是直接賣給加工廠，或者你可以自己開一家罐頭廠。如此你就可以控制整個生產、加工處理和行銷。然後你就可以搬到大城市，在那裡經營你不斷擴充的企業。」

漁夫問：「這要花多少時間呢？」

商人回答：「十五到二十年。」

漁夫說：「然後呢？」

商人笑著說：「然後你就可以在家坐享清福啦！」

商人又說：「到那個時候你就可以退休了，你可以搬到海邊的小漁村去住。每天睡到自然醒，出海隨便捕幾條魚，跟

第九章　選份好心情勝過一切努力

幾個朋友暢所欲言。」

商人的話一落音，連自己也尷尬了。他紅著臉，在漁夫意味深長的注視下識趣而退。

聰明商人的所謂建議，只不過是要漁夫花幾十年的時間用不斷捕魚的勞累，換取一種悠閒的生活罷了。而這種生活，漁夫本來就擁有。靜下心來想一想，我們忙忙碌碌，到底追求的是什麼呢？如果當我們忙到頭還是回到原點的話，又何必去浪費不必要付出的汗水呢？問問忙碌的自己，是否忙碌過後還是回到生活的原點，並沒有向前邁一步，那麼我們就應該反思我們是否還需要為之奔波了。

我們再來看看這則短小的寓言：

兩個人在街上一起發現一本書，他們為這本書歸誰所有的問題爭吵了起來。

第三個人偶然路過，問道：「你們誰識字呢？」

兩人搖搖頭說「我們都不識字。」

「那麼，你們要這本書做什麼？你們的爭吵使我想起了兩個禿子為了一把梳子而打架的事，可是他們頭上都沒有頭髮。」

時下，有太多根本毫無價值的思想占據著我們原本擁擠的心靈；支配著我們的行為；束縛著我們的追求，致使我們成了生活的奴隸。所以當我們還在為那些無謂的選擇爭吵、煩心時，我們應該問問自己：「我選擇了，它於我又有什麼

用，何不拿去換壺茶，慢慢地坐下來暢想生活的快樂呢？」

　　與其在埋怨中忙碌地追求著於自己毫無價值的東西，不如坐下來靜靜地品味一杯茶的清香。

帶著微笑工作

　　烈日下，一位穿著樸素的老婦人流著汗，叫賣她的梨子。一位慈善家動了惻隱之心，走過去對她說：「梨子好賣嗎？」

　　「難呀！一個上午才賣出去幾斤。」慈善家掏出一疊鈔票：「全部賣我吧！」老婦人盯著他看了一下子：「真有意思，但全部給了你，我下午賣什麼呢？」

　　如果我們是那位老婦人或許就會滿心歡喜地接過慈善家的錢，把梨全賣出去。但是老婦人卻把賣梨當成了一種樂趣。或許她最後賣不完這些梨，也得不到慈善家給的那麼多錢，但是她收穫的並不只是錢，還有工作的樂趣。錢是可以被奪走的，而工作中的快樂是誰都奪不走的。只要我們帶著微笑工作，就絕不會一無所獲。

　　一位妙齡少女來到東京帝國酒店當服務生。這是她涉世之初的第一份工作，也就是說她將在這裡正式步入社會，邁出她工作生涯的第一步。她很興奮，暗下決心：一定要好好工作！可是她萬萬沒有想到，上司安排給她的工作竟然是洗廁所。而且對她的工作品質要求很高：必須把馬桶洗得光潔如新。

第九章　選份好心情勝過一切努力

　　洗廁所的工作對於一位細皮嫩肉、愛乾淨的少女來說確實有些難為情，洗廁所的工作，在視覺上、嗅覺上以及體力上都將使人難以承受，心理暗示的作用更可能讓人受不了。當她第一次用自己白皙細嫩的手拿著抹布伸向馬桶裡時，胃裡立刻「反應」強烈，噁心得幾乎快要吐出來。而要完成「光潔如新」這一高標準的品質要求又更難了。

　　這時，少女面臨著如何走下去的抉擇，是繼續做下去，還是另謀他職？繼續下去，太難了！另謀工作，知難而退？她又不甘心就這樣敗下陣來，人生之路豈可打退堂鼓？她想起了自己初來前下過的決心：人生第一步一定要走好，馬虎不得。正在少女拿著抹布、掩著鼻子，動作猶豫不決的時候，公司的一位前輩出現在她面前，他看了少女一眼，沒有說一句話，只是拿過她手中的抹布，一遍一遍，認真地抹洗著馬桶。最後，他從馬桶裡盛了一杯水一飲而盡。

　　實際行動勝過千言萬語，少女的心被強烈地震撼了。這位前輩不用一字一句就告訴了少女一個極為簡單的道理和工作標準。光潔如新，重點在於「新」，新則不髒，只有馬桶裡的水達到可以喝的潔淨程度，才算是把馬桶抹得光潔如新了，而這一點已被這位前輩證明可以辦得到。這時，前輩送給少女一個含蓄的、意味深長的微笑，送給她一束關注、鼓勵的目光。這就夠了，因為少女激動得從身體到心靈都在震

顫，她目瞪口呆、熱淚盈眶、如夢初醒。於是，她痛下決心：就算一生洗廁所，也要兢兢業業，做一名洗廁所最出色的人。

幾十年光陰一瞬而過，後來她當上日本政府的內閣官員——郵政大臣。她的名字叫野田聖子。

生命中的每一個奇蹟都是在我們的微笑中變為現實的。帶著微笑去工作，就能把細微的工作做好，把細微的工作都做好了，何愁成不了大事。但是並非所有人都能夠想野田聖子一樣，即便我們的工作比野田聖子的工作高級許多，天天辦公室坐著，閒來喝杯茶，煩時上上網，但還是不堪工作的重負。那麼我們該如何去緩解工作的壓力，帶著微笑上班呢？

* **休息片刻，呼吸一下新鮮空氣**：一天中多進行幾次短暫的休息，做做深呼吸，呼吸一下新鮮空氣，可以使你的大腦放鬆，防止壓抑情緒的產生。千萬不要放任壓抑情緒的發展，不能使這種情緒在一天工作結束時升級成能壓倒你的工作壓力。

* **了解造成壓力的根源**：確切地說，到底是什麼壓垮了你？是工作，是家庭生活，還是人際關係？如果意識不到問題的根源所在，你就不可能解決問題。如果你自己在確定問題的根源方面有困難，那就求助於專業人士或者機構，比如心理醫生或是雇員協助協會。

第九章　選份好心情勝過一切努力

* **轉移並釋放壓力**：做一下體育運動，體育運動能讓你很好地發洩，運動完之後你會感到很輕鬆，不知不覺間就可以把壓力釋放出去。

* **隨它去**：判斷一下你能控制和不能控制的事情，然後把事情分開，歸為兩類，並列出清單。開始一天的工作時，首先給自己約定，不管是工作中的還是生活中的事情，只要是自己不能控制的就由它去，不要過多地考慮，給自己增添無謂的壓力。

* **自我鼓勵**：將所有的出色工作都記錄在案，並時不時查閱一下，一來總結經驗，二來替自己尋找自信。制定一些短期計畫，使自己能得心應手地完成它們。

* **臉皮厚點**：不要把受到的批評個人化，更不要把大會上上司批評的普遍問題硬往自己頭上安，即使自己受到反面的評論時，你也要把它當成是能夠改進工作的動力。

* **分散壓力**：可能的話，把工作進行分攤或是委派以減小工作強度。千萬不要認為你是唯一一個能夠做好這項工作的人，否則你就可能因為把所有工作都加到自己身上，使工作強度大大增加而苦不堪言。

* **不要把工作當成一切**：當你的大腦一天到晚都在想工作的時候，工作壓力就形成了。這時要分出一些時間給家庭、朋友、愛好等，適當的娛樂是處理壓力的關鍵。

　　帶著微笑去生活，希望就會不斷地在微笑中萌生。選擇了工作，更要懂得去選擇微笑。

蠅頭小利壞心情

　　有一對兄弟，到了論及婚嫁的時候，時常為一些小利益發生口角，為此弄得家庭氣氛很不和諧。

　　有一天，父親病了，躺在床上思索著。這時，老大過來問安。父親說：「叫你弟弟也過來，我有話對你們說。」

　　老二到了，父親坐起身來，說：「我自己也不知道這身病怎麼造成的，覺得很難受。」兄弟兩人勸父親別擔心，父親搖搖頭：「其實我也不擔心，因為自己能應付過去，但如果你們將來反目，那就是我們家庭的『病』，誰能應付呢？」兄弟兩人都感到很慚愧。

　　父親下床，指著院子裡的幾隻雞說：「看看牠們，蹲在那裡相安無事，這不是很好嗎？」然後父親到屋子裡端出了一盆稻穀，悄悄走到屋後，將大部分稻穀撒在地上，僅留了幾粒回到院子裡，扔向那些雞。幾隻雞看見地上的稻穀，興奮地跳起來，一起上前爭奪，揮舞翅膀，咕咕亂叫，原本清靜的世界，因為這幾粒稻穀而「硝煙彌漫」。

　　兄弟兩人笑了，他們明白了父親的意思。父親又說：「你們都看見了，更多的稻穀在屋後……」

第九章 選份好心情勝過一切努力

　　沒有利益衝突時，人與人之間都能和平共處、相安無事；而一旦有了利益，人們都會互不相讓，爭得你死我活。何苦為了小小的利益而傷了和氣，甚至反目成仇呢？共同努力，雙方都會得到更多。

　　不要因為蠅頭小利而壞了心情，傷了和氣。帶著好心情泰然處之，我們收穫的將是金銀滿盆。

第十章
選擇之難有時在於捨不得

第十章　選擇之難有時在於捨不得

小和尚跟老和尚下山去化緣，走到河邊時看見位一女孩正在為沒辦法過河煩惱。老和尚就對女孩說：「我背你過去吧！」於是，就把女孩背過了河。小和尚驚得目瞪口呆，但又不敢問。走了大約二十裡的路後，小和尚實在忍不住問到：「師父，我們是出家人，你怎麼背那個女孩過河了呢？」老和尚淡淡地說道：「我把她背過河就放下了，你怎麼背了二十里地還沒放下呢？」

拿得起就要放得下。不是選擇太難，而是不知道該如何去放棄，所以我們就像小和尚一樣，時常被沉重的包袱壓得無從選擇。

放棄也是一種選擇

生活是個多情的使者，會讓人處於「剪不斷，理還亂」的狀態。很多時候，生活是道多選題，讓人在愛與不愛、快樂與不快樂之間抉擇。所以在我們選擇之前，應該先學會放棄。

一隻倒楣的狐狸被獵人用套子套住了一隻爪子，牠毫不遲疑地咬下了那隻爪子，然後逃命。放棄一隻爪子而保全一條生命，這是狐狸的生存哲學。所以在魚與熊掌不能兼得的選擇面前，我們應該學會去權衡，學會放棄，雖然放棄意味著痛苦，但痛苦換來的卻是價值的全部。

　　有這樣一副對聯：

得失失得，何必患得患失；
捨得得捨，不妨不捨不得。

　　也許人生的過程就是一個不斷放棄，又不斷得到的過程。關鍵是要學會放棄，因為放棄，也是人生的一種選擇。

　　如果不是那天的決定，他就不會在電腦領域取得這樣的成就；如果不是那天的決定，他可能只是美國某個小鎮上一名既不成功也不快樂的律師。

　　那年他考上了哥倫比亞大學的法律學系。哥倫比亞大學是一所偏重文學的院校，它的法律專業排名位於全美前三位，從那裡畢業後擔任律師，將是很有前途、地位的。

　　但是，他卻逐漸發現自己並不喜歡法律，上必修課時，他絲毫提不起精神來，甚至想把枯燥的課本扔到教授身上。

　　此時，他接觸並喜歡上了電腦，每天瘋狂地程式設計。老師和同學們對他的「不務正業」感到非常驚訝。終於，大學二年級的一天，他做出了一個重大的決定：放棄此前一年多在法律系已經修完的學分，轉入該校默默無聞的電腦科學系。

　　那時候，電腦還屬於新事物，哥倫比亞大學的電腦科學系也只是剛剛創立，連三十個學生都不到，社會上也還沒有所謂「電腦科學家」這類人。

可是，他一進入電腦領域，便如魚得水，整個身心充滿了熱情。後來，他又進入卡內基‧梅隆大學大學，繼續攻讀電腦系的碩士及博士，並獲得了電腦專業的博士學位。他開發的「語音辨識系統」獲得了《美國商業週刊》的「最重要科學創新獎」。他於一九九八年加盟微軟，創立了微軟亞洲研究院。二○○○年他升任微軟全球副總裁，是微軟高層裡職位最高的華人。二○○六年他又出任 Google 公司全球副總裁。

他就是李開復。

二○○五年十月三十日，李開復走進了大學，為全場數千名大學生作了主題為《智慧的選擇》的演講。

在演講中，他又一次提到了「放棄」的勇氣。

當新的機會擺在面前的時候，勇於放棄已經獲得的一切，需要相當大的勇氣。有時，你在還沒有找到新的機會之前，就必須放棄你已經擁有的東西，那就需要更多的勇氣了。

許多人都有的一個問題就是不願放棄已有的東西，不願意開拓新的天地。其實，有些東西看起來值得珍惜，但這種眼前的利益往往是阻礙你獲得更大成功的根源。當新的機會到來時，勇於放棄已經獲得的東西並不是功虧一簣，更不是半途而廢，這是為了謀求新的發展空間。如果你在適當的時候勇敢地 —— 當然也應該是有智慧地 —— 放棄已經擁有但可能成為前進障礙的東西，你多半會驚訝地發現：自己拋開的不過是一把雖能遮風擋雨，但又會阻礙視線的雨傘，自己

因此而看到的卻是無比廣闊、無比壯麗的江山圖景！

我自己就有過幾次「勇於放棄」的經歷。

一次是大家都知道的轉科系的事情。另一次是在卡內基・梅隆大學大學教書時，放棄了兩年的年資而加入了蘋果公司。雖然我一直把我的老師當做楷模，而且有幸任教於世界頂尖的電腦系，但這個工作大部分的時間投入到了如何獲得終身職位、怎麼樣去發表論文等等。這些事本來都是好事，但這些事情對提升社會的價值並不是那麼直接。我希望去做一些直接有益於社會的事。所以，當蘋果電腦的一位副總裁對我說「你要選擇終身寫些沒有人讀得懂的論文，還是要選擇改變世界」時，我毫不猶豫地選擇了「改變世界」，感覺就像是獲得了自由。

加入 Google 後，有許多記者問我：「在微軟你有七年的人脈，有比爾蓋茲的信任，就這麼放棄了，你不覺得可惜嗎？」確實，這些是很有價值的東西，但是當我看到有再一次創業的機會，當我看到一個互聯網時代創新模式的產生，當我看到一個堅持自己理想和社會責任感的公司，我發現，這是一個獨一無二的機會。於是，就像我在「追隨我新的抉擇」中所說的：「我有選擇的權力，我要做有影響力的事，做最有影響力的事。我要成為最好的自己 —— 在 Google，我能經過學習新的創新模式，成為最好的自己。」

勇於放棄也是一種智慧。放棄代表一種終結，同時意味

著另一種開始。當以前的路不適合時，不如勇敢地把它放棄，重新進行選擇。那麼，人生也許就會出現另一番美麗的風景。

　　放棄本身就是一種淘汰，一種選擇，淘汰自己的弱項與不足，選擇自己的強項與優勢。放棄不是不思進取，因為恰到好處的放棄，正是為了更好地進取。

放棄也是一種收穫

　　一個剛剛受過感情創傷的朋友這樣樂觀地說到：

　　喜歡一樣東西，就要學會欣賞它，珍惜它，使它更彌足珍貴。

　　喜歡一個人，就要讓她快樂，讓她喜歡，使那份感情更誠摯。

　　如果你做不到，那你還是放手吧！要學會放棄，因為放棄也是一種美麗。因為錯過了花，你將會收穫雨；放開了她，你才能遇到另外一個她。

　　是的，不要硬逼著自己去選擇。有時成功不了，放棄反而是一種收穫。

　　有一個在金融界工作的朋友，立志要考上財經系的研究所。所有財經書籍和考題幾乎被他翻爛了，可是連考數年都未考上。然而，在這期間不斷有朋友拿一些古錢向他請教，

起初他還能細心解釋，不厭其煩。後來，問的人實在太多了，他索性編了一冊《歷代錢幣說明》。一是為了記錄所學的知識，一是為了給朋友提供方便。當年，他依舊沒有考上研究生。但是，他的那冊《歷代錢幣說明》卻被一位書商看中，第一次就印了一萬冊，當年銷售一空。現在這位朋友已經是頗有成就了。

我們總是喜歡朝著自己既定的目標努力，但不是每個人的願望和理想都能實現。那些搏擊一世卻未獲得成功的人，定然會有他生命中真正精彩的部分，而被自以為「不是最好的」，而從未得以展示。所以我們應該懂得放棄，放棄那些不應該再執迷的東西，再去發現挖掘生命中更多的寶藏，定然會有莫大的驚喜。

得失只是一時的看法，得失常常也會因為樂觀或悲觀的心態而轉換，失去的並非無所得。有一個年輕的探險家，在不帶氧氣瓶的情況下，多次跨過六千五百公尺的登山死亡線，並最終登上了世界第二峰喬戈里峰。他的壯舉載入了金氏世界紀錄（Guinness World Records）。在頒發金氏世界紀錄證書的記者招待會上，那位年輕的登山家是這樣描述他的成功的：「我認為無氧登山最大的奧祕就在於學會放棄各種欲望。因為在山頂上一個小小的雜念，都會使你感到缺氧。」

第十章　選擇之難有時在於捨不得

放棄每一個得失的雜念，我們才能心境平和，才能跨越更多的艱難險阻。但如今我們最容易犯的就是私心雜念太多、心浮氣躁，不懂得什麼東西該放棄，怎樣放棄。其實，人生就如攀山。那一路上，會有許許多多奇花異草、奇峰異景，令人流連忘返，甚至迷失方向。唯有懂得放棄，心性高遠、心無旁騖的人，才能登上人生的巔峰。

人生需要選擇，也需要放棄，選擇和放棄是成功的兩個必不可少的條件。

放棄可以更好地認知自己

錢鐘書在《圍城》中講過一個十分有趣的故事。天下有兩種人，譬如一串葡萄到手後，一種人挑最好的先吃；另一種人把最好的留在最後吃。但兩種人都感到不快樂。先吃最好葡萄的人認為他的每一顆葡萄越來越差。第二種人認為他每吃一顆都是在吃留下的葡萄中最壞的。

為什麼兩種人都不快樂呢？因為他們都不懂得放棄。第一種人吃到壞的葡萄時就應該選擇放棄，然後在心裡保留著好葡萄的味道，這樣他就會快樂。而第二種人卻可以很簡單地放棄壞葡萄的感覺，細細地品味好葡萄的味道，最後留給自己的也只是好葡萄的味道。快樂就是這樣簡單，選擇放棄。只有懂得了放棄，才能更好地認知自己。

　　三個旅行者同時住進了一家旅店。早上出門的時候，一個旅行者帶了一把傘，另一個拿了一根拐杖，而第三個旅行者什麼也沒有拿。

　　在他們出門不久，一場滂沱大雨就下了起來。晚上他們歸來的時候，拿傘的旅行者被淋得滿身濕透，拿拐杖的旅行者則跌得渾身是傷，而第三個旅行者卻安然無恙。於是前兩個人很納悶，問第三個旅行者：「你既沒帶傘，也沒有拐杖，怎麼會一點事都沒有呢？」

　　第三個旅行者並沒有立即回答，而是問拿傘的那個旅行者：「你為什麼會淋濕而沒有被摔傷呢？」

　　拿傘的旅行者回答說：「當大雨來到的時候，我因為有了傘，就大膽地在雨中走，卻不知雨中有風，傘遮不到的地方就被淋濕了；我走在泥濘的路上，因為沒有拐杖，所以走得非常仔細，專挑平穩的地方走，所以就沒有摔傷。」

　　然後，他又問拿拐杖的旅行者：「你為什麼沒有被淋濕而是摔傷了呢？」

　　拿拐杖的那個人說：「當大雨來臨的時候，我因為沒帶雨傘，所以只能找那種能躲雨的地方走，所以沒有淋濕；但當我走在泥濘坎坷的路上時，我便用拐杖扶著走，卻不知為什麼頻頻跌跤。」

　　第三個旅行者聽完後笑笑說：「這就是為什麼你們拿傘的

淋濕了，拿拐杖的跌傷了，而我卻安然無恙的原因。當大雨
來時我在屋簷下走，遇到泥濘的道路時我慢慢地過，所以我
既沒有淋濕也沒有跌傷。」

許多時候，我們不是跌倒在自己的缺陷上，而是跌倒在
自己的優勢上。因為缺陷常給我們提醒，而優勢卻常常使我
們忘乎所以。而自己的缺陷往往在自己放棄的時候，才會被
看清，我們才能更清楚地認知到自己。

「塞翁失馬，福禍相依。」在自己的優勢上，要學會居
安思危。同時要把自己的優勢「看準」了，充分發揮它的作
用，使優勢最大化。從而彌補弱勢所造成的損失，這樣才能
用最高的效率取得成功。

只有放下了過去，才知道擁有的美好，只有放下了依
靠，才知道自己擁有多少。

放下完美心態去選擇

一位男子來到一家婚姻介紹所，進了大門之後，迎面是
兩扇小門：一扇上寫著「美麗的」；另一扇上寫著「不太美
麗的」。男人推開「美麗的」門，迎面又是兩扇門：一扇寫
著「年輕的」；另一扇寫著「不太年輕的」。男人推開「年
輕的」門，迎面又是兩扇門：一扇寫著「溫柔善良的」；
另一扇寫著「不太溫柔善良的」。男人推開「溫柔善良的」
門，迎面又是兩扇門：一扇寫著「有錢的」；另一扇寫著「不

太有錢的」。男人推開「有錢的」門⋯⋯

這樣一路走下去，男子推開了美麗、年輕、溫柔善良、有錢、忠誠、勤勞、有教養、身體健康、有幽默感等九道門。當他推開最後一扇門時，門上寫著一行字：「您追求的過於完美了，請您去大街上找吧！」原來他已經走到了婚姻介紹所的後門。

我們只有放棄追求完美，才能找到真正美的東西。

有位男士到國外旅遊時，帶回來一個精美的水晶盤子。盤子非常漂亮，晶瑩剔透，並且還刻滿了帶有異國情調的繁複花紋，在燈光映照下閃耀著迷人的光芒。

他非常喜歡這個水晶盤子，經常拿著把玩。還特地定做一個堅固的底座，把它放到博古架最顯眼又最安全的位置上。

為了保持水晶盤晶瑩剔透的美麗，他三天兩頭就用梯子爬到博古架上去打掃，不讓半點灰塵玷汙這個心愛之物。他一改往日的懶惰，小心翼翼地看護著他的「稀世珍寶」。

他擔心家裡的小孩玩耍時撞到博古架碰翻水晶盤，他還擔心老婆在打掃環境時失手打碎水晶盤，因此，他經常喝斥的孩子和老婆。

老婆和孩子在喝斥中變得謹小慎微，孩子不敢在家裡玩鬧和嬉戲，老婆打掃環境時也「小心翼翼」。

時間久了，家人說話客氣得就像陌生人。每個人都感覺有一股氣憋在心裡，無緣無故感到厭煩，脾氣都變得暴躁起

來，經常為了一點雞毛蒜皮的小事而吵架。

有一天，一個十多年沒見面的老同學到他家裡做客，進屋沒多久就看見了這個漂亮的水晶盤。老同學眼睛一亮，感興趣地要求他拿下來賞玩一番。在連聲的誇讚中，他非常得意地站到椅子上取水晶盤，想遞給這位友人。

「啪」的一聲，老婆在廚房聽見聲響慌忙跑到客廳裡，在客廳收看卡通的孩子也抬頭看著他們，一臉的惶惑。

只見，他和老同學都待在那裡。原來，在他遞給老同學水晶盤的那一個瞬間，水晶盤墜落在地上，綻放成一朵淒美的「碎花」，一片片水晶殘片躺在地板上，反射著七彩的光線。

他站在椅子上，看著地上的碎片，一臉茫然。曾經愛如珍寶的水晶盤在剎那間成了永遠的回憶，這讓他百感交集。

不過這一聲響，好像鎖在心頭的一個牢固的鎖突被然打開，他心裡先是一緊，隨之而來的卻是如釋重負的痛快。

他輕鬆地安慰著尷尬的老同學和緊張萬分的家人，臉上綻放出難得一見的笑容。

於是，久違了的溫馨氣氛又重新回到了他的家裡。

完美當然珍貴，然而呵護完美卻會令人身心疲憊。當完美成為一種負擔、一種束縛，不如放棄完美換一份輕鬆自在。

只有放手，才能擁有。懂得放手的人，才會擁有快樂。懂得放棄完美的人，才會完美。

放下是一種智慧的生存

有一則關於佛陀的傳說：

梵志雙手持花獻佛，佛云：「放下。」

梵志放下左手之花。佛又道：「放下。」

梵志放下右手之花。佛還是說：「放下。」

梵志說：「我手中的花都已經放下了，還有什麼可再放下的呢？」

佛說：「放下你的外六塵、內六根、中六識，一時會去，舍至無可舍處，是汝放生命處。」

當你在生命的旅途中感到疲倦的時候，你有沒有想到放下？當你陷入煩惱中無法自拔的時候，你有沒有想到放下？

放下，其實是一種生存的智慧。

當我們放下壓力，小心翼翼地擦去心靈上的灰塵，讓心靈像白雲一樣飄浮在藍天之上，坎坷的道路就不再會成為羈絆，我們的腳步就會輕盈。

當我們放下煩惱，學會平靜地接受現實，學會坦然地面對厄運，學會積極地看待人生，陽光就會照進心來，驅走黑暗，驅走所有的陰霾。

當我們放下抱怨，輕鬆上路，我們就會發現所有的偏見和不順全部走開，渴望的成功向你走來。

當我們放下狹隘，我們就會看到眼前的世界是多麼寬

第十章　選擇之難有時在於捨不得

廣。寬容別人，其實也是給自己的心靈自由。只有在寬容的世界裡，才能奏出和諧的生命之歌！

有時候如果我們不懂得放棄，面臨的有可能是死路一條。

祖父用紙給我做過一條長龍。

長龍腹腔的空隙僅僅只能容納幾隻半大不小的蝗蟲慢慢地爬行過去。

但祖父捉過幾隻蝗蟲，投放進去，牠們都在裡面死去了，無一倖免。

祖父說：蝗蟲性情急躁，除了掙扎，牠們沒想過用嘴巴去咬破長龍，也不知道一直向前可以從另一端爬出來。因此，儘管牠有鐵鉗般的嘴殼和鋸齒一般的大腿，也無濟於事。

當祖父把幾隻同樣大小的青蟲從龍頭放進去，然後再關上龍頭，奇蹟出現了：僅僅幾分鐘時間，小青蟲們就一一地從籠尾悠閒地爬了出來。

蝗蟲的死是因為牠不懂得去選擇，只知道不停地掙扎，也不懂得放棄，所以只有死路一條；而青蟲卻恰恰相反，牠懂得放棄，知道如何去選擇，牠活了下來。

命運一直藏匿在我們的思想裡。許多人走不出人生各個階段或大或小的陰影，並非因為他們的個人條件比別人差。而是因為他們沒有想過將陰影撕破，也沒有耐心慢慢地鎖定一個方向，一步步地向前，直到眼前出現新的天地。

一位登山愛好者，在一次攀登高山的過程中，遇到了突然刮起的十級大風，雪花隨風勁舞，能見度僅一公尺左右。此時登山愛好者不慎失去重心，摔落懸崖，幸好他頗有經驗一把抓住了安全繩，僅存一線生機的他死死抓住繩索。暗自哭喊著：「上帝，你救救我吧！」「可以，不過你應相信我所說的一切。」上帝憐憫道。「好，你說吧！」他驚喜萬分。上帝頓了頓說：「你放下繩索，就可得救。」好不容易抓到這根救命繩索的登山者，哪肯放下呢？第二天早晨，暴風雪停了。營救隊發現了離地面僅兩公尺的凍僵的屍體。

放下，並不意味著失去，而恰恰是更好的生存。

懂得何時堅持，何時放棄

是你讓我看透生命這東西
四個字堅持到底
是你讓我翻破愛情的祕笈
四個字堅持到底

執著有時候固然是一種美，但是走到「窮途」時也應該學會去放棄。在該放棄的時候放棄，是明智，在不該放棄的時候放棄，是懦弱；在該堅持的時候堅持，是勇敢，不該堅持的時候堅持，是愚昧。可是，這個所謂的「該」，它的界線在哪裡？

我們來看看這個故事：

第十章　選擇之難有時在於捨不得

　　當年，美國一家報紙曾刊登了一則關於園藝所重金徵求純白金盞花的啟事，在當地曾引起一時的轟動。高額的獎金讓許多人趨之若鶩，但在千姿百態的自然界中，金盞花除了金色的就是棕色的。要培養出白色的，不是一件易事。所以許多人一陣熱血沸騰之後，就把那則啟事拋到九霄雲外去了。

　　一晃就是二十年，一天，那家園藝所意外地收到了一封熱情的應徵信和一粒純白金盞花的種子。當天，這件事就不脛而走，引起軒然大波。

　　寄種子的原來是一位年近古稀的老人。老人是一個道地的愛花人士。當她二十年前偶然看到了那則啟事後，怦然心動。不顧八個兒女的一致反對，義無反顧地執行。她撒下了一些最普通的種子，精心侍弄。一年後，金盞花開了，她從那些金色的、棕色的花中挑選了一朵顏色最淡的，任其自然枯萎，以便得到最好的種子。次年，她又把它種下去。然後，再從這些花中選出顏色更淡的花的種子栽種⋯⋯日復一日，年復一年。終於，在二十年後的一天，她在那片花園中看到了一朵金盞花，它不是近乎白色，也並非類似白色，而是如雪的白。一個連專家都解決不了的問題，在一個不懂遺傳學的老人手中迎刃而解，這難道不是奇蹟嗎？

　　在這個故事裡，我們看到了什麼，看到了有人堅持，有人放棄。不錯，這不過是每個人心中的一個度，或許你用

二十年的時間可以去創造更多的財富，可以去發現更多的奇蹟。但也會有像那位老人一樣的堅持者。是否該堅持，是否該放棄都源自於內心深處的一個度。一個記者採訪一位「股神」，問了「股神」這樣一句話：「您覺得怎樣炒股才能賺到大錢呢？」「股神」回答道：「低的時候買進，高的時候賣出……」什麼是高，什麼是低，每個人都有自己的標準，這時就應該根據自己的標準去定奪什麼時候該堅持，什麼時候該放棄。

聽歷經感情滄桑的人這樣說過：痛過了，才會懂得如何保護自己；傻過了，才會懂得適時的堅持與放棄，在得到與失去中我們慢慢地認識自己。學會放棄，在落淚以前轉身離去，留下簡單的背影；學會放棄，將昨天埋藏在心底，留下最美的回憶；學會放棄，讓彼此都能有個更輕鬆的開始，遍體鱗傷的愛並不一定就刻骨銘心。

不管是愛情，還是生活，永遠不會一直按計畫展開。生活中總是會有許多的突發事件影響著我們的抉擇。所以我們應該掌握好心中的度，如果累了，就選擇停下來休息；如果你看得到希望，就勇敢地堅持到底。不管是堅持還是放棄，都會因為你的選擇而變得美麗。

拿得起也放得下，手才不會累，心才不會疲憊，這樣我們才能握得更緊，堅持得更久、走得更遠。

第十章　選擇之難有時在於捨不得

第十一章
永遠不要說無路可走

第十一章　永遠不要說無路可走

　　永遠不要說自己無路可走。只要你的夢想還在，信心還在，就朝著夢想的方向開闢一條道路吧！須知：「無路可走」的另一個含義是路路可行。

　　無路可走的人，當他們邁開腳步，便顯示出勇往直前的豪邁氣概。無論他們是否成功，他們已經堪稱英雄。

方法總比問題多

　　威廉‧莎士比亞（William Shakespeare）說：「智慧是命運的一部分，一個人所遭遇的外界環境是會影響他的頭腦的。」在同一困境中，有沒有智慧的頭腦，造出來的是天堂與地獄之別：地獄裡，一大群人手拿長勺圍著一桶湯，卻因為勺子太長而碰不到自己的嘴，就這樣人人只能望湯興嘆，愁眉苦臉；而天堂裡，一大群人也是手拿長勺圍著一桶湯，雖然勺柄是一樣長，但大家都舀起湯來餵對方，這樣就都高高興興地喝到了湯。

　　在這個世界上，最容易做的事，大概就是找藉口了。

　　我身體瘦弱，所以體育成績不好；

　　我沒有進重點高中，所以考不上好的大學；

　　我智力太普通，所以學業只能將就；

　　……

　　當逆境來臨，所有的問題，無論是大是小，只要你願

意,都可以毫不費力地找個藉口,輕描淡寫地把它「解決」掉。於是,局內人就可以心安理得地安於現狀,為自己開脫。就像狐狸吃不到葡萄,牠就找出一個藉口 —— 葡萄是酸的,非常輕易地把問題給「解決」了。然而,藉口好找,存在的問題卻始終還在。

當阿佛烈‧諾貝爾(Alfred Nobel)研究出威力強大的硝化甘油新型火藥時,有人認為他是在為戰爭提供殺人利器。因此,他的工廠門前經常有人舉著牌子抗議和示威。

然而,更麻煩的事情是當時落後的生產工藝。在火藥生產過程中,諾貝爾工廠發生過多次爆炸事件,一些人死於非命,其中包括諾貝爾的弟弟。諾貝爾本人也負傷累累。市民們當然不能容忍一個巨大的、危險的火藥桶安放在他們中間,於是紛紛向市政府請願,要求關閉諾貝爾工廠。市政府順從民意,強令諾貝爾工廠遷出城外。

無奈之下,諾貝爾決定將工廠整體搬遷。但是,搬到哪裡去呢?這座城市周圍是大片水域,陸地面積很小,任何居民都不願意接受一座會爆炸的工廠。看來只有遷往人煙稀少的偏遠山區才不會有人反對,但昂貴的運輸費用卻使諾貝爾難以承受。以當時的技術條件,也很難保證在長途搬運過程中不會發生爆炸事故。

怎麼辦?諾貝爾遇到一個非常棘手的難題。

第十一章　永遠不要說無路可走

　　有人勸諾貝爾乾脆別做了。世上值得投資的事業很多，何必一定要做這種吃力不討好的買賣？但諾貝爾卻不是一個輕言放棄的人，無論付出多大代價，也要將自己鍾愛的事業進行到底。他想，工廠搬遷，需要滿足人煙稀少、費用節省、運輸安全三個條件，而這三個條件卻是相互矛盾的。他冥思苦想，終於想到一個主意：將工廠建在城外的水面上。在那個年代，這的確是一個異想天開的構想，卻是能同時滿足上述三個條件的唯一辦法。

　　以當時的技術條件，在水面建廠的難度太大。諾貝爾的做法是：以一條大駁船做平台，將工廠比較不安全的部分，如生產線廠房、火藥倉庫建在上面，用長長的鐵鍊繫在岸上；而將工廠其餘部分建在岸上。

　　——一道困難的問題就這樣解決了。

　　當逆境來臨，當我們感到迷惘的時候，當我們猶豫不決的時候，我們是否這樣想想：這一事物的正面是這樣，假如反過來，又將怎樣呢？正面攻不下，可否側面攻、後面攻？

　　世上只有難辦的事，卻沒有不可能辦的事。在問題面前，我們不要總是想找藉口，要積極地想辦法。只要將思考的方向朝解決問題的方向挺進，或許一盤死棋也會活起來。

換個角度看問題

西元一八○○年代中期，美國西部掀起了一股淘金熱潮，大做「淘金夢」的人從世界各地匯聚到此，一個名叫李維‧史特勞斯（Levi Strauss）的德國人，也千里迢迢跑到加利福尼亞州試運氣。

但是，李維‧史特勞斯的運氣似乎相當背，儘管拚命淘金，幾個月下來卻沒有任何收穫，使他懊惱地認為自己和金子沒緣分，準備離開加利福尼亞州到別地另謀生路。

就在他萬分沮喪之際，猛然發現一個現象，那就是所有淘金客的褲子由於長期磨損而破舊不堪，於是，他靈機一動：「並不是非得靠淘金才能發財致富，賣褲子也行啊！」

李維立即用剩下的錢買了一批褐色的帆布，然後裁製成一條條堅實耐用的褲子，賣給當地的淘金客，這就是世界上的第一批牛仔褲。

後來，李維又細心地將牛仔褲的布料、顏色加以改變，造就了風行全世界的「李維牛仔褲」。

夢想破滅的地方，往往希望叢生。當我們所選擇的「淘金」之路走到了盡頭，夢想破滅了，千萬不要過度失望，更不要沉浮於失敗的迷霧。而是應該把失敗當作幸運的開端，趕快建立新的目標，打起精神再次上路。

美國著名漫畫家羅伯特‧李普利（Robert Ripley）年

輕時熱衷體育運動，最大的夢想是成為大聯盟職業棒球的明
星。可是，當他如願以償地躋身大聯盟時，第一次正式出
賽就摔斷了右手臂，從此與棒球絕緣。對羅伯特・李普利來
說，這無疑是人生最殘酷的打擊。然而，他很快就擺脫了失
敗的噩夢，轉而學習運動漫畫，彌補自己的缺憾。李普抱著
不能成為棒球明星，便在報紙上畫運動漫畫的決心，最後終
於成為一流的漫畫家，以「信不信由你」專欄風靡全球。

　　夢想破滅的地方，蘊藏著希望叢生，能否絕處逢生，
決定的因素不僅是我們的氣魄，更重要的是我們能否重拾
希望。

背水一戰也是一種選擇

　　被逼的無路可走、無處可逃時，怎麼辦？

　　背水一戰或許是一個不錯的選擇。據《史記・淮陰侯列
傳》中記載：漢將軍韓信率軍攻趙，穿出井陘口，命令將士
背靠大河擺開陣勢，與敵人交戰。趙軍望見漢軍背水列陣，
無路可退，都不禁暗暗取笑，認為韓信置兵於「死地」。殊
不知，後無退路的漢軍將士，在前有強敵後有天險阻隔的
「絕境」中，抱著拚死求勝的決心，最終大破趙軍。

　　　　有志者，事竟成，破釜沉舟，百二秦關終屬楚；
　　　　苦心人，天不負，臥薪嚐膽，三千越甲可吞吳。

　　是的，不給自己留退路，我們就可能在背水一戰後遇到最大的驚喜。陳勝就是在沒有退路的情況下實現了自己的「鴻鵠之志」的。「起義也是死，不起義也是死，既然如此，我們為什麼不起義呢！除非成功，否則我們難逃殺身之禍。」陳勝那鏗鏘有力的話語，即使混雜在暴雨聲中，也能夠清楚地聽到。就是因為沒有退路，他們才能義無反顧，勇往直前。

　　沒有退路，是拿破崙‧波拿巴（Napoléon Bonaparte）「我的字典裡，沒有不可能」的自信；是維克多‧雨果（Victor Hugo）剪亂自己的頭髮，寫出《鐘樓怪人》（Notre-Dame de Paris）的果斷；是司馬遷為實現自己價值而忍辱寫出《史記》的堅持。

　　在美國的勵志大師奧里森‧馬登（Orison Marden）的專著《一生的資本》中，就有「別為自己留退路」的論述。奧里森‧馬登認為：不給自己留退路，就能以信心支持著努力，而在最危難時的信心是靠孤注一擲的決心來支撐的。

　　在我們人生的前進路途中，有時會遇上山窮水盡、走投無路的時候，似乎除了聽天由命之外無路可走。但是，別忘了，很多時候越是艱難的時刻，離成功的目標越近。對著困難迎面衝鋒，困難也許會分崩離析。西班牙有一句諺語：「面對一座高牆卻沒有勇氣翻越時，不妨先把自己的帽子扔過

去。」簡單地說就是「先把帽子扔過牆」。困難就如人生路上的許多高牆，要翻越它們，必須強迫自己去面對。

人生在世，難免有風霜雨雪。有時會被動地遭遇艱難困苦，有時甚至會主動地進入無路可走的境地。無論怎樣，都要奮力前行。這樣，才無愧無悔，才能衝破重重困難，古語說得好：「山窮水盡疑無路，柳暗花明又一村」。

無計可施時借助外力

杜爾奈做什麼事都有一股不服輸的韌性。他剛到一家電線號牌廠擔任兼職業務員時，好幾個月都沒談成一樁生意。經人指點，他才明白，業績不佳的主要原因是：他的面部表情過於嚴肅笑容比較僵硬，說話時，很自然地流露出一股傲氣，讓人難以產生親切感。

了解原因後，杜爾奈每天對著鏡子苦練表情，同時訓練語音語調。當他再次出現在客戶面前時，每個人都覺得他是一個和善可親、會打交道的人。此後，他的銷售業績好得出奇，為自己賺得可觀的收入。這件事使杜爾奈獲得一個經驗：別人能發現自己發現不了的問題，聽聽別人的意見是有好處的。

後來杜爾奈決定自己做老闆。他拿出全部積蓄，購買了一家小小的電線號牌廠。這家小廠只有幾臺老式機器和幾名員工，跟那些現代化大廠無法相提並論。在杜爾奈接手時，它已然倒閉。杜爾奈為什麼敢接這個爛攤子呢？他認為，凡事

只要付出百倍努力，一定會有收穫。當然，更主要的原因是，他沒有多少錢，不買這種破產小廠，就買不起任何一家工廠。

為了讓工廠起死回生，杜爾奈每天工作十幾個小時，率領員工拚命工作。然而，勤奮只能解決一些問題，並不能解決所有問題。由於那些生產線作業的大廠生產成本相對較低，品質更優良，杜爾奈的產品完全缺乏競爭力，任何一家客戶都不願成為它的買主，生產出來的號牌只能堆在那裡占用庫存。幾個月後，工廠陷入困境，難以為繼。杜爾奈百般設法，都徒勞無功。想改進設備，卻沒有資金。他無計可施，一籌莫展。

杜爾奈意識到，當初購買這家小廠的決策過於草率。但現在還不是後悔的時候。既然自己無計可施，只好向別人請教。他諮詢過幾位行家，他們都認為他做了一樁不划算的生意，想讓這家過時小廠免於倒閉，幾乎是不可能的。

杜爾奈想，如果倒閉真的不可避免，那也是無可奈何的事情。但是，員工們有沒有什麼好主意呢？他將員工召集到一起。宣布：「或許大家已經看到，公司的情況非常糟糕，維持不下去了。我本人已無法可想，希望大家一起想主意。到明天為止，如果大家都沒有什麼好辦法，我只好宣布公司倒閉。」

會後，一位員工給杜爾奈寫了一封信，裡面有一句話：既然改進設備不符現實，可否考慮變更材料？

第十一章　永遠不要說無路可走

　　杜爾奈心裡一亮：是啊！為什麼不變更材料呢？這是唯一可能突破的地方。

　　當時的電線號牌都是鋁製品，那是因為鋁容易成形，硬度適中，顏色較美觀。那麼，能不能找到一種能達到相同效果、價格更便宜的材料呢？杜爾奈冥思苦想，並和員工們一起探討，終於找到了理想的替代材料：將白色硬紙板塑封，品質跟鋁製品相差不大，成本卻不到鋁製品的三分之一。

　　這種物美價廉的新產品上市後，很快在市場上取得領先優勢。對杜爾奈來說，這是一個幸運的開始。半年後，他賺到的錢已足夠他購置一整套生產程序的新設備了。幾年後，杜爾奈便成為富商。

　　好主意不會總是裝在自己的腦袋裡。當我們無能為力時，別人可能有改變結局的能力，當你無計可施時，別人可能有改變結局的辦法。有時候，好主意甚至裝在一個遠不如自己聰的腦袋裡。

　　所以，在無計可施時，明智的人經常都會想如何得人之智，用人之力，讓自己擺脫困境。

　　一個小女孩在她的玩具沙箱裡玩耍。她要在鬆軟的沙堆上修築公路和隧道，然而沙箱的中部躺著一塊巨大的岩石。小女孩開始挖掘岩石周圍的沙子，企圖把它從泥沙中弄出去。她手腳並用，似乎沒費太大的力氣，岩石便被她連推帶滾地弄到沙箱的邊緣。不過，這時她才發現，她無法把岩石

向上滾動以翻過沙箱邊的牆。

　　小女孩下定決心，手推、肩擠、左搖右晃。可是，每當她剛剛覺得取得了一些進展的時候，岩石便滑脫了，又重新掉回沙箱。

　　小女孩十分生氣，費了九牛二虎之力猛推猛擠。但是，她卻被滾回的岩石砸傷了手指。

　　最後，小女孩傷心地哭了起來。這整個過程，女孩的父親從起居室的窗戶裡看得一清二楚。當淚珠滾過孩子的臉龐時，父親來到了她的面前。

　　父親的話溫和而堅定：「孩子你為什麼不用所有的力量呢？」

　　垂頭喪氣的小女孩抽泣道：「但是我已經用盡全力了，爸爸，我已經盡力了。我用盡了我所有的力量。」

　　「不對，孩子，」父親親切地糾正道，「你並沒有用盡你所有的力量。你還沒有請求我的幫助。」在這位父親的幫助下，把岩石推出了沙箱。

　　許多問題不是一個人能解決的，有時借助外力是必不可少的。當自己無能為力時，也應該學會去借助外力，傾盡你所能利用的所有力量，就沒有什麼困難可以阻擋前行的腳步。

　　巨富陳永泰說過，聰明人都是透過別人的力量，去達成自己的目標。只有諳熟借力與合作的人，才能成為成功之林的雄偉巨木。

走出思考定式

這是個十分有趣的實驗，實驗對象必須是受過教育的成年人。

提問：三點水右邊加一個「來」字念什麼？

答：念「淶」。

再問：三點水右邊加一個「去」字呢？被問者至少有一半以上頓時語塞，有的甚至當即斷然回答：根本就沒有這個字！

而實際上，這個「法」字的使用頻率遠比「淶」字高得多。一般情況下，認識「淶」字的人不會不認識「法」字。那麼問題出在哪裡呢？這就是思考定式的作用了。

三點水加一個「來」念成「淶」，這是漢字中典型的「左形右聲」字。當你回答了這個簡單的問題之後，一種思考定式便悄悄地左右了你的思路，當提問者借漢字中「來」與「去」相對應的定式發問時，你多半會立即按照「左形右聲」的思考方式加以考慮。而「法」卻並不念「去」，於是立即否定了這個常用字的存在。

問題就是這麼簡單，卻又如此令人不可思議。當然，這種「定式」必須有其成因 —— 形成這種定式所需要的知識結構。若以同樣的問題向小學三四年級的學生發問，「上當」的人就很少。這是因為他們還不具備形成這種定式的知識結構。

這是「慣性」造成的思考定式，在取捨、肯否之間很容易形成「定而不移」之勢。唯一可行的解除定式的辦法，就是極大地開闊我們的視野，改變我們既有的思考方式，時刻警惕陷入「經驗」中去。

一位女大學生剛畢業時，到一家公司應聘財務會計工作，面試便遭到拒絕，原因是她太年輕，公司需要的是工作經驗豐富的資深會計。女大學生沒有氣餒，一再堅持。她對主考官說：「請再給我一次機會，請允許我參加完筆試。」主考官拗不過她，答應了她的請求。結果，她通過了由人事經理親自複試的筆試。

人事經理對這位女大學生頗有好感，因她的筆試成績最好，不過她的話卻讓經理有些失望，她說自己沒有工作過，唯一的經驗是在學校掌管過學生會財務。找一個沒有工作經驗的人做財務會計不是公司的預期，人事經理決定到此為止，便說：「今天就到這裡，如有消息我會打電話通知你。」

女孩從座位上站起來，向經理點點頭：「不管是否錄取，請都給我打個電話。」

經理從未遇到過這種情況，一下子呆住了。不過他很快回過神來，問：「你怎麼知道我不給沒有錄取的人打電話呢？」「你剛才說有消息就打，那言下之意就是沒有錄取就不打了。」

經理這時對她產生了濃厚的興趣，接著問：「如果你沒被錄取，我打電話，你想知道些什麼呢？」「請告訴我什麼地方不能達到你們的要求，我在哪些方面不夠好，我可以改進。」

經理也微笑道：「我不會打電話了，但我現在通知你，你被錄取了。」

求職時，被人拒之門外的事時常發生，你是否做過像這樣打破常規的事呢？答案大都是沒有，為什麼我們沒有那樣去做呢？不是因為我們相信自己一定會被錄取，是我們習慣了等別人給自己機會的思考定式，卻不會為自己創造性地爭取機會。

「絕路」是因為我們斷絕了思考的去路，拿出氣魄，拓展思考的空間。擺脫了思考定式，智慧就能閃爍創造性的火花。

拓寬選擇的視野

戶外電梯我們坐過無數回，但或許你還不知道世界上第一部戶外電梯是怎樣來的。

科特大飯店是加利福尼亞州聖地牙哥市的一家老牌大飯店，因為原先設計配套的電梯過於狹小陳舊，已經無法適應越來越多的客流。於是，飯店老闆準備擴建一個新式電梯。他請來全國一流的建築師和工程師，請他們一起探討該如何擴建這個電梯。

建築師和工程師的經驗都很豐富，他們討論了很久，最後得出一致結論：飯店必須停業三個月，這樣才能在每個樓層打洞，並且在地下室裡安裝最新式的馬達。

「除此之外就沒有其他辦法了嗎？」老闆皺著眉頭說，「要知道，那樣會損失難以計數的營業額，而且……」

但建築師和工程師們堅持這是最好的方案。

就在這時，飯店裡的一位清潔工剛好拖地拖到這裡，聽到他們的話，他直起腰說：「要是我，就會直接在室外裝上電梯。」

所有人都說不出話來。

一星期後，飯店外面就安裝好了新電梯。在建築史上，這也是第一次把電梯安裝在室外。

真正阻擋我們前行道路的，不是知識太少，而是受傳統知識的束縛。每一種知識都提供給我們一種見解，但也塞給我們一個框框。建築師正是因為頭腦中裝滿了建造戶內電梯的條條框框，結果思路怎麼也跳不出來。而「沒有知識」的清潔工頭腦中沒有「條條框框」，思考沒有禁忌，反而看到了問題的新角度。

盧梭（Jean-Jacques Rousseau）曾經說過：「人生是自由的，卻無處不在枷鎖之中。」要想掙脫枷鎖、跳出框框，我們就得先知道自己是否被「監禁」。

第十一章　永遠不要說無路可走

　　哈佛大學的心理學家卡爾‧朗格（Carl Lange）曾經做過一系列實驗，顯示如果能對僵硬的分類表示懷疑，將有助於開啟創意之門。譬如其中有一個實驗，朗格給甲乙兩組學生（每組十人）每人一個橡膠製品，用不確定的口氣對甲組學生說：「這可能是給狗啃咬的玩具。」而對乙組學生則是以肯定的口氣說：「這是給狗啃咬的玩具。」在實驗中途，朗格故意寫錯了東西，而必須將它擦掉，但手邊卻沒有橡皮擦。這時，甲組學生中有四個人說他們手上的東西可以做橡皮擦，但乙組學生中想到這個點子ㄋ的卻只有一人。

　　橡皮擦也是用橡膠做的，學生手上的橡膠玩具也有橡皮擦的功能，但僵硬的「狗玩具」的定義和分類概念卻阻礙了它的潛在功能。這種分類概念越明確，對創意思考的阻礙就越大，所以我們就只能在禁錮裡滯留。

　　現在非常普遍而且對傳統手錶市場產生威脅的石英錶，其實最先是由瑞士的鐘錶公司發明的。但因為他們拘泥於傳統鐘錶的定義，認為要由精細的、能轉動的、相互牽連的部分組成的機器才叫做「錶」，石英錶不是「錶」。所以他們不願意生產這種東西，結果將大好機會拱手讓人。

　　沒有誰可以擋住我們的去路，只有被思考囚禁的自己。拓寬選擇的視野，突破思考的空間，方能尋找到更多捷徑。

第十二章
如果選擇錯了怎麼辦

第十二章　如果選擇錯了怎麼辦

　　有人把「0」看成一無所有，有人把「0」看作虛無空洞。然而，也有人把「0」看成一個可以填滿的空間。古龍評價金庸的作品時說：「令狐沖之所以能練成化功大法這個絕世神功，原因是他的丹田裡一點真氣也沒有，是一隻空杯子。」當我們選擇錯了的時候，有人懊悔不已，有人一蹶不振，有人跟喊著「看成敗，人生豪邁，不過是從頭再來」。

錯了不要錯過

　　生前誠實的商人約翰死後，獲准到天堂和地獄去看看，再決定將來的住處。

　　於是，他先到天堂，然而，他不喜歡天堂，那些虔敬、祈禱和講道跟他生前所做的沒有兩樣。

　　相反，地獄好多了。他瞥見酒食徵逐、美女如雲，於是選擇了地獄。

　　但是等他再去時，裡面全是油鍋、酷刑和痛苦。

　　「我先前看見的地獄在哪裡？」約翰哀訴。

　　陪他的獄卒聳了聳肩說：「那些不過是我們的宣傳罷了。」

　　他趕忙說：「錯了，錯了，我選擇錯了，我還是選擇去天堂吧！」

　　獄卒冷冷地說：「你認為這是什麼地方？這是地獄，有去無回。」

　　頓了一下，獄卒又意味深長地說：「每個人都要為自己的

選擇負責，自己選擇的就必須承受，無論因為什麼理由而選擇。人生可不是兒戲，沒那麼多重新選擇！」

人生總是有太多的誘惑會遮住我們的耳目，以致我們無法做出正確的選擇。當我們選擇錯了的時候，我們應該做的不是抱怨，而是改變那些我們能夠改變的，接受那些我們不能改變的。

選擇錯了，就不要再錯過。不要錯過什麼呢，首先不要錯過彌補。但於事無補時，我們還不應該錯過反省。

做了錯誤的選擇時，除了找出導致錯誤的原因外，我們還可以從錯誤的選擇中學到很多東西，這些東西是包羅萬象的附加品，不一定和經驗有關。或許是人生觀的改變、人際關係的改善；或許是對人性本質、自我優缺點及現實與理想的差距的認知等。這些也可以說是錯誤選擇的正面價值，值得我們好好總結。

錯誤中充滿寶藏，問題是看我們是否去做自我反省，如何去挖掘、詮釋及應用，每個人的詮釋手法和挖掘到的價值不同，這些寶藏的價值也跟著不同。錯誤中的教訓，是垃圾還是寶藏，一切由我們決定。

面對真真假假、迷離紛亂的人生，我們很難不做選擇。歷史上許多偉大的發現和發明，像哥倫布和愛迪生的成就，也都是由「錯誤經驗」中誕生的。所以，我們不能因為犯了一次錯，摔了一次跤，就不敢再往前走，不敢再做任何選擇。

第十二章　如果選擇錯了怎麼辦

　　孔子說:「過而不改,是謂過矣。」這句話的意思是改不了的錯誤才是真正的錯誤。

　　春秋時期,魯國公曾問顏回:「我聽到你的老師孔子說,同類的錯誤,你絕不犯第二回。這是真的嗎?」顏回說:「這是我一生都在努力做到的。」魯國公又問:「這是很難的事情啊!你是怎樣做到的呢?」顏回說:「要想做到這一點並不難。我經常反省自己,看看自己哪些是做對的,哪些是做錯的;做對了的要堅持下去,做錯了的要引以為戒。這樣堅持久了,就能夠做到無二過。」魯國公聽後讚嘆地說:「經常反省,從無二過,這可以說是聖人了。」

　　從來不犯錯誤的人是沒有的,從來不犯過去曾犯過的錯誤的人也是不多見的。暫且不論是不是重複過去曾犯過的錯誤,就是這種經常反省的精神也是十分可貴的。

　　宋朝文學家蘇軾寫過一篇〈河豚魚說〉,說的是河裡的一條河豚,游到一座橋下,撞到橋柱上。牠不責怪自己不小心,也不打算繞過橋柱游過去,反而生起氣來,惱怒橋柱撞了它。牠氣得張開兩鰓,脹起肚皮,漂浮在水面,很長時間一動不動。後來,一隻老鷹發現了牠,一把抓起了牠,轉眼間,這條河豚就成了老鷹的美餐。

　　這條河豚,自己不小心撞上了橋柱子,卻不知道反省自己,不去改正自己的錯誤,反而惱怒別人,一錯再錯,結果

丟了自己的性命，實在是自尋死路。

　　錯誤是真理的鄰居，因為它欺騙了我們，但是在我們被騙後，卻懂得了一個真理。

無怨無悔我走我路

　　當我們的婚姻出現問題時，我們後悔愛錯了人；當我們的事業不順利時，我們後悔入錯了行；當我們看到舊同事舊朋友升官的升官，發財的發財，我們後悔或許當初不該一意孤行⋯⋯

　　的確，據目前心理學家的調查顯示，選擇無力症已經成為時下都會人的常見病症之一。選擇無力症具體表現如下：幾乎所有美女都認為自己應該選擇更完美的老公；幾乎所有男人都認為自己應該選擇更有前途的行業；幾乎所有大學生都認為自己應該選擇更理想的大學；幾乎所有老闆都認為自己剛剛盈利的項目可以賺得更多⋯⋯

　　其實這種選擇無力的病症，並非無從選擇，而是我們往往沉浸在後悔中，無法走出，總是把人生寄情於「如果」──「如果時光可以倒流，你最希望做什麼？」有人會去彌補過去的遺憾；有人會去重溫過去的美好；有人要去修補感情的裂痕⋯⋯就是這些無法實現的「如果」，讓我們錯失了再次選擇的機會。

第十二章　如果選擇錯了怎麼辦

　　一個年輕人離開故鄉，決心開闢一條自己的路。他動身的第一站，是去拜訪部落的族長，請求指點。

　　老族長正在練字，他聽說這位年輕人要開始踏上人生的旅途而向他請教，就寫了三個字：不要怕。然後抬起頭來，望著年輕人說：「孩子，人生的祕訣只有六個字，今天先告訴你三個，供你半生受用。」

　　二十年後，這個從前的年輕人已是人到中年，有了一些成就。歸程漫漫，到了家鄉，他又去拜訪那位族長。

　　他到了族長家裡，才知道老人家幾年前已經去世，家人取出一個密封的信封對他說：「這是族長生前留給你的，他說有一天你會再來。」還鄉的遊子這才想起來，二十年前他在這裡聽到人生的一半祕訣，拆開信封，裡面赫然又是三個大字：不要悔。

　　無論我們現在處於回到故里的中年，還是正在闖蕩的年輕人，無悔我們的選擇，我們才能更好地選擇後面的人生路。只有不悔的人生，才是值得去驕傲的。

　　漢德・泰萊是紐約曼哈頓區的一位神父。

　　那天，教區醫院裡一位病人生命垂危，他被請過去主持這位病人臨終前的懺悔。他到醫院後聽到了這樣一段話：「仁慈的上帝，我喜歡唱歌，音樂是我的生命，我的願望是唱遍美國。作為一名黑人，我實現了這個願望，我沒有什麼要懺

悔的。現在我只想說，感謝您，您讓我愉快地度過了一生，並讓我用歌聲養活了我的六個孩子。現在我的生命就要結束了，但死而無憾。仁慈的神父，現在我只想請您轉告我的孩子們，讓他們做自己喜歡做的事吧！他們的父親是會為他們驕傲的。」

一個流浪歌手，臨終時能說出這樣的話，讓泰萊神父感到非常吃驚，因為這名黑人歌手的所有家當，就是一把吉他。他的工作是每到一處，把頭上的帽子放在地上，開始唱歌。四十年來，他如痴如醉，用他蒼涼的西部歌曲，感染他的聽眾，從而換取那份他應得的報酬。

黑人的話讓神父想起五年前曾主持過的一次臨終懺悔。那是位富翁，住在里斯本區，他的懺悔竟然和這位黑人流浪漢差不多。他對神父說，我喜歡賽車，我從小研究它們、改良它們、維護它們，一輩子都沒離開過它們。這種愛好與工作難分、閒暇與興趣結合的生活，讓我非常滿意，並且還從中賺了大筆的錢，我沒有什麼要懺悔的。

白天的經歷和對那位富翁的回憶，讓泰萊神父陷入沉思。當晚，他給報社寫了一封信。信裡寫道：「人應該怎樣度過自己的一生才不會留下悔恨呢？我想也許做到兩條就夠了。第一條，做自己喜歡做的事；第二條，想辦法從中賺到錢。」

後來，泰萊神父的這兩條生活信條，被許多美國人信奉。

第十二章　如果選擇錯了怎麼辦

選擇無悔，就是去選擇自己喜歡的。無悔選擇，就是去兌現自己的愛好。選擇對了也好，錯了也罷，只要是自己喜歡的，就不要悔恨，這便是人生最好的選擇。

走出無悔，才能走進選擇；走進選擇，方能逼近成功。

永不放棄選擇的權力

李開復曾說：「在人生的旅途中，你是你自己唯一的司機，千萬不要讓別人駕駛你的生命之車。你要穩穩地坐在司機的位置上，決定自己何時要停、要倒車、要轉彎、要加速、要剎車等等。人生的旅途十分短暫，你應該珍惜自己所擁有的選擇和決策的權利，雖然可以參考別人的意見，但千萬不要隨波逐流。」

無論我們選擇對，還是選擇錯了，都應該握緊手中選擇的權力。李開復還曾這樣告知：「美國人很喜歡嘗試不同的工作，他們一生中平均要換四次工作。其實，換工作職位的意義在於，一開始做的決定未必是你的終生決定，你仍然有機會去嘗試更多的東西。只有這樣才能真正找到自己的興趣所在，極致地發揮自己的潛力。」

選擇錯了，並沒有什麼。主要看我們是否因為選擇錯了，而害怕再次選擇，放棄選擇的機會。漢尼拔（Hannibal Lecter）說：「我們要是不能找出一條路來，便另開一條路。」

不能放棄選擇的權力，永遠別失去下注的勇氣。選擇，便有機會。萬一錯了，再來一次，又錯了，換個姿勢再來。

西元一九三八年，當本田先生還是一名學生時，就變賣了所有家當，全心投入研究製造心目中的汽車活塞環。

他夜以繼日地工作，整日與油汙為伍，累了倒頭就睡在工廠裡，一心一意希望早日把產品製造出來，甚至變賣妻子的首飾以繼續這項工作。最後產品終於完成並送到豐田汽車公司去，卻被認為品質不合格而回絕了。

為了提升產品品質，本田先生重回學校苦修兩年。這期間經常為了自己的設計而被老師和同學嘲笑，譏諷他不切實際。他無視這一切的痛苦，仍咬緊牙關朝前邁進，終於在事隔兩年後取得了豐田公司的購買合約。

後來，日本發起第二次世界大戰造成物資吃緊，因而禁賣水泥給本田先生建造工廠。本田先生並不因此氣餒，他選擇用新材料建設工廠。他召集了一些工人，去撿拾美軍飛機所丟棄的汽油桶，稱其為「杜魯門的禮物」，解決了建造本田工廠的材料問題。

不久之後，又遇上了地震，夷平了整個工廠，這時本田先生選擇了把製造活塞環的技術賣給了豐田公司以度過難關。

第二次世界大戰結束後，日本遭逢嚴重的汽油短缺，本田先生根本無法開著車子出門去買食物。在百般無奈下，他

第十二章　如果選擇錯了怎麼辦

試著把發動機裝在自行車上。鄰居看了他裝有發動機的自行車，紛紛央求代為安裝，本田先生很快就把手中的發動機都用光了。

本田先生想：何不開一家專門生產摩托車的工廠？

由於欠缺資金，本田先生選擇求助於日本全國的一萬八千家自行車店。他給每一家店用心寫了封言詞懇切的信，告訴他們如何借著他發明的產品，在振興日本經濟上扮演重要角色，結果說服了其中的五千家，湊齊了所需的股本。

隨後本田先生又把大且笨重的摩托車改得更輕巧，結果一推出便贏得「滿堂彩」，因而獲頒「天皇賞」。

不久，本田的摩托車選擇外銷歐美，趕上了戰後嬰兒潮的高消費期。西元一九七〇年代，本田公司選擇開始生產汽車並獲得佳績。

今天，本田汽車公司在日本及美國有超過十萬人的員工，是日本最大的汽車製造公司之一，在美國的銷售量僅次於豐田。

可以說，正是本田先生一直從未放棄過選擇的機會，所以這一連串的選擇成就了本田今日的傳奇。

放棄選擇就等於放棄了希望，放棄了成功的機會。什麼都可以放棄，就是不能放棄選擇。

輸不起就贏不了

一個人可以從生命的磨難和失敗中成長，正像腐朽的土壤中可以生長鮮活的植物。土壤也許腐朽，但它可以為植物提供營養；失敗固然可惜，但它可以磨練我們的智慧和勇氣，進而創造更多的機會。只有當我們能夠以平和的心態面對失敗和考驗，我們才能成熟、收穫。而那些失敗和挫折，都將成為生命中的無價之寶，值得我們在記憶深處永遠收藏。

說起失敗與不幸的經歷，或許誰都比不過下面這個人：

西元一八一六年，家人被趕出了居住的地方，他必須出去工作，以養活他們。那一年他還不到十歲。

西元一八一八年，母親去世。一八三一年，經商失敗。

西元一八三二年，競選州議員，但落選了。那一年，他的工作也丟了，想就讀法學院，但又進不去。

西元一八二三年，他向朋友借了一些錢，再次經商，但年底就破產。接下來他花了十六年的時間，才把欠債還清。

西元一八三四年，再次競選州議員，這次命運垂青了他，他贏了！

西元一八三五年，訂婚後即將結婚時，未婚妻卻死了，因此他的心也碎了。

西元一八三六年，精神完全崩潰的他，臥病在床六個月。

西元一八三八年，爭取成為州議員的發言人，但沒有成功。

西元一八四〇年，爭取成為選舉人，但失敗了。

第十二章　如果選擇錯了怎麼辦

西元一八四三年，參加國會大選，但落選了。

西元一八四六年，再次參加國會大選，命運第二次垂青了他，他當選了！而且前往華盛頓特區，表現也可圈可點。

西元一八四八年，尋求國會議員連任，但失敗了。

西元一八四九年，他想在自己的州內擔任土地管理局長的工作，但被拒絕了。

西元一八五四年，競選美國參議員，但落選了。

西元一八五六年，在共和黨的全國代表大會上爭取副總統的提名，但得票不到一百張。

西元一八五八年，再度競選美國參議員，再度落敗。

西元一八六〇年，當選美國總統。

他就是林肯。有人曾為林肯做過統計，說他一生只成功過三次，但失敗過三十五次，不過第三次成功使他當上了美國總統。事實也的確如此。而最終使他得到命運的第三次垂青，或者說爭取到第三次成功的，完全是他的堅強。在他競選參議員落選的時候，他就說過：「此路艱辛而泥濘，我一隻腳滑了一下，另一隻腳因而站不穩。但我喘口氣，告訴自己，這不過是滑一跤，並不是死去而爬不起來。」

失敗不過是人生旅途的一次小小的摔跤，不至於讓我們一敗塗地。所以選擇錯了並沒有什麼，最重要的是在錯了以後我們能否輸得起，承受住失敗的打擊，慎重地選擇一條對的路。

沒有誰不怕輸，但如果承受不了輸的打擊，就注定承受不起去贏的壓力。

且讓我從頭再來

　　山裡住著一位以砍柴為生的樵夫，在他不斷辛苦地建造下，終於完成了可以遮風避雨的房子。

　　有一天，他挑了砍好的木柴到城裡交貨，黃昏當他回家時，卻發現自己的房子起火了。

　　左鄰右舍都來幫忙救火，但是因為傍晚的風勢過大，所以沒有辦法將火撲滅，一群人只能靜待一旁，眼睜睜地看著熾烈的火焰吞噬了他的房子。當大火終於撲滅的時候，只見這位樵夫手裡拿了一根棍子，跑進倒塌的屋裡不斷地翻找著。圍觀的鄰居以為他正在翻找藏在屋裡的珍貴寶物，所以也都好奇地在一旁注視著他的舉動。

　　過了半晌，樵夫終於興奮地叫著：「我找到了！我找到了！」

　　鄰居紛紛向前探究竟，發現樵夫手裡捧著一柄斧頭，根本不是什麼值錢的寶物。

　　樵夫興奮地將木棍嵌進斧頭裡，充滿自信地說：「只要有這柄斧頭，我就可以再建造一個更堅固耐用的家。」

　　人生難免挫折，與其為過去痛悔哭泣倒不如放眼未來。我們每個人都不會真正地輸光，當大火奪去一切時，我們手裡一定還有那把斧頭。

　　西元一九一四年，愛迪生的實驗室發生火災，眼看著所

第十二章　如果選擇錯了怎麼辦

有的研究成果即將付之一炬，愛迪生的兒子焦急地四處找尋父親，意外發現滿頭白髮隨風飄揚的愛迪生，竟然也擠在人群中平靜的觀看大火。兒子氣喘吁吁的對他說：「實驗室就快燒光了，該怎麼辦呢？」

愛迪生卻只是表情平靜地說：「去把你母親找來，這樣的大火真的是一輩子難得一見。」

隔天，愛迪生面對化為灰燼的實驗室說：「感謝上帝，一把火燒掉了所有的錯誤，我又可以重新開始了。」

愛迪生忘掉大火，重建了他的實驗室，並成功地在大火之後三個月發明了留聲機。遇到挫折時，我們總是容易活在過去的陰影中，而忘了眼前的陽光。人生，不可能一路順暢無阻，一帆風順。遭受挫折時，與其終日怨嘆、哀哀自憐，一直活在陰影中，倒不如往前一步，而只要一步，就能找到陽光，從頭再來：

從頭再來是一種不甘屈服的韌性，是一種善待失敗的人生境界。從頭再來源於你對現實和自己清楚的認知，是對自己的實力的一種肯定，是一種挑戰困難、挑戰自我的勇氣；從頭再來，你要忍受失敗的苦楚，吸取失敗的教訓；從頭再來，你還要堅守心中的信念，相信堅持到底就是勝利；從頭再來是一種希望，是遭遇不測後執著於生命的最好見證。

也許正是因為有「從頭再來」的精神，六十七歲的愛迪生才踩在百萬資產的廢墟上，面對被大火燒毀的研製工廠，

樂觀地說：「現在，我又重新開始了。」

歌德（Johann Wolfgang von Goethe）說：「苦難一經過去，就變成甘美。」其實，每個人的心都好比一顆水晶球，晶瑩閃爍，然而一旦遭到不測，背叛生命的人會在黑暗中漸漸消殞，而執著於生命的人總是將五顏六色折射到生命的每一個角落。只要出現了一個結局，不管這結局是好還是壞，客觀上都是一個嶄新的開始。只要厄運打不垮信念，希望之光就會驅散絕望之雲。

從頭再來看似一件輕鬆的事情，做起來卻並不容易。可是，一旦擁有的一切化為烏有，除了從頭再來又有什麼辦法呢？

儘管很多人認為從頭再來並不意味著一種豪邁，而更多時候是出於無奈。但是，誰能說為無奈找個出路不是一個好的辦法，不是一種豪邁呢？可口可樂公司的一位部門總負責人頗為豪邁地說過：「假如今天有一把大火把可口可樂化為烏有，只要有人在，我們就能再造一個可口可樂的奇蹟。」

就讓我們把這從頭再來的豪邁當成一種前進的序曲，掃去一切失敗的陰霾，讓機會更多地變成收穫。

每一個成功者都有一個開始。勇於開始，才能找到成功的路。前進的道路是曲折的，失敗了就從頭再來。風雨過後見彩虹。

電子書購買

國家圖書館出版品預行編目資料

做好選擇，順利進化不被物競天擇：掌握人生關鍵 × 營造情緒法則，找出抉擇弱點，失敗不再跟你 say hello！/ 王郁陽，李忠傑編著. -- 第一版 . -- 臺北市：崧燁文化事業有限公司，2023.01
面；　公分
POD 版
ISBN 978-626-332-910-2(平裝)
1.CST: 成功法
177.2　　　111018621

做好選擇，順利進化不被物競天擇：掌握人生關鍵 × 營造情緒法則，找出抉擇弱點，失敗不再跟你 say hello！

臉書

編　　　著：王郁陽，李忠傑
發 行 人：黃振庭
出 版 者：崧燁文化事業有限公司
發 行 者：崧燁文化事業有限公司
E - m a i l：sonbookservice@gmail.com
粉 絲 頁：https://www.facebook.com/sonbookss/
網　　　址：https://sonbook.net/
地　　　址：台北市中正區重慶南路一段六十一號八樓 815 室
Rm. 815, 8F., No.61, Sec. 1, Chongqing S. Rd., Zhongzheng Dist., Taipei City 100, Taiwan
電　　　話：（02）2370-3310　　傳　　　真：（02）2388-1990
印　　　刷：京峯彩色印刷有限公司（京峰數位）
律師顧問：廣華律師事務所 張珮琦律師

定　　　價：375 元
發行日期：2023 年 01 月第一版
◎本書以 POD 印製